맹신자들

맹신자들

대중운동의 본질에 관한 125가지 단상

에릭 호퍼 | 이민아 옮김

궁리
KungRee

마거릿 앤더슨에게

대륙 저 끝에서 격려의 손길을 아끼지 않았던

그가 없었더라면 이 책은 세상에 나오지 못했을 것입니다.

―――

그는 위대하기를 원하지만 불행한 자신을 본다.

그는 완전하기를 원하지만 불완전으로 가득 찬 자신을 본다.

그는 뭇사람의 사랑과 존경의 대상이 되기를 원하지만

자신의 결함이 그들의 혐오와 경멸만을 받아 마땅하다는 것을 안다.

이렇듯 궁지에 빠진 인간의 마음속에서는 상상할 수 있는 한

가장 의롭지 못하고 가장 죄악적인 정념이 태어난다.

왜냐하면 자기를 책망하고 자기의 결함을 인정하게 하는 이 진실에 대해

극도의 증오심을 품게 되기 때문이다.

- 파스칼, 『팡세』

―――

역청으로 진흙을 대신하고

- 창세기 11장

―――

차례

4 : 시작과 끝   189

● 일러두기

- 본문의 '현재'는 이 책이 쓰인 1951년을 가리킨다.

이 책은 종교운동이 되었건 사회혁명이 되었건 민족운동이 되었건 모든 대중운동에 공통적으로 나타나는 일련의 특성을 다룬다. 모든 운동이 똑같다는 것이 아니라 그 운동들의 본질을 이루는 특징 가운데 가족처럼 닮은 점이 있다는 뜻이다.

모든 대중운동은 지지자들에게 기꺼이 목숨을 바치려는 의지와 단결된 행동 성향을 불러일으킨다. 대중운동은 어떤 것이 되었건 어떤 교조를 주창하건 어떤 계획을 제시하건 광신과 열광, 간절한 희망, 증오와 편협을 낳는다. 동시에 일련의 영역에서 강력한 행동의 물결을 일으킬 역량이 있으며, 맹목적 신념과 일편단심의 충성심을 요구한다.

모든 초기의 대중운동은 서로 간에 추구하는 교조와 포부가 아무리 다르다 해도 같은 유형의 사람들을 지지자로 끌어들인다. 즉 같은 심리 유형의 사람들에게 호소한다는 말이다.

　광신적 기독교 신자와 광신적 이슬람 신자, 광신적 민족주의자, 광신적 공산주의자, 광신적 나치가 서로 다른 것은 분명하지만, 그들을 살아 움직이게 만드는 광신적 성향은 서로 같아 보일뿐더러 서로 같은 것으로 취급된다. 그들에게 팽창과 세계 지배 의지를 불어넣는 힘도 마찬가지다. 모든 유형의 헌신과 신념, 권력 의지, 단결과 자기희생에는 어떤 획일적인 속성이 있다. 숭고한 대의와 교조의 내용은 서로 크게 다르지만, 그것을 유효하게 만드는 것은 그러한 획일적인 요소들이다. 파스칼처럼 기독교 교리로부터 효과적이고 정확한 근거를 탐구하는 사람이라면 공산주의와 나치즘, 민족주의에서도 효과적인 근거를 발견할 수 있을 것이다. 각각의 운동이 목숨을 거는 숭고한 대의가 아무리 다를지라도 그들은 본질적으로 같은 것에 목숨을 바친다.

　이 책은 주로 역동적 단계의 대중운동을 다룬다. 이 단계에는 맹신자─숭고한 대의에 기꺼이 목숨을 바치고자 하는 광신적 신념가─가 위세를 떨치는데, 그 인간 유형의 기원을 추적하고 그들의 속성을 파악하고자 한다. 이러한 시도를 돕기 위해 하나의 작업가설을 설정한다. 모든 대중운동의 초창기 추종자가 좌절한 사람들[1]이라는 사실, 그리고 그들 대다수가 자발적으로 참여한다는 사실로부터 다음과 같은 가설을 세우려 한다. 1) 좌절한 사람들한테서는 외부로부터 전향에 대한 자극이 없더라도 맹신자 특유의 속성 거의 대부분이 나타난다, 2) 효과적인 전향 기술의 기본은 군중에게 좌절한 사람들 고유의 심리적 반응과 성향을 주입하고 고착시키는 것이다.

이 가설의 유효성을 시험하기 위해서 좌절한 사람들을 괴롭히는 해악에 그들이 어떻게 반응하는지, 그런 반응이 맹신자들의 반응과 어느 정도 부합하는지, 그런 반응이 어떤 방식으로 대중운동의 발생과 전파를 촉진하는지를 살펴보았다. 또한 전향을 추동하는 대중운동이 의도적으로 추종자들에게 좌절한 사람들의 심리 상태를 주입한다는 견해, 좌절한 사람들 고유의 성향을 조장할 때 대중운동에 절대적으로 유리하다는 견해가 타당한지 확인하기 위해서, 성공적인 전향 기술이 완성되고 응용된 당대 대중운동의 실상을 살펴보았다.

오늘날에는 우리 대부분이 맹신자의 동기와 반응에 어느 정도 식견을 갖추어야 할 필요가 있다. 신을 믿지 않는 시대라지만 대중의 경향이 반종교적이기는커녕 오히려 정반대의 양상을 보이기 때문이다. 맹신자는 도처에서 행군하면서 전향하고 저항함으로써 자기 형상대로 세계를 빚고 있다. 그러니 우리는 그와 한편이 되건 반대편이 되건 그의 본성과 잠재력에 대해 알 수 있는 모든 것을 알아두는 편이 좋을 것이다.

어쩌면 한마디 주의의 말을 덧붙이는 것도 과하지 않을 듯하다. 대중운동들이 서로 가족처럼 닮았다고 말할 때, 여기서 '가족'은 분류학적 의미의 어휘다. 토마토와 까마중은 같은 가지과 식물이다. 하나는 영양분이 풍부하고 다른 하나는 독성이 있지만, 형태학적·해부학적·생리학적으로 닮은 점이 많아 식물학자가 아니더라도 두 종의 가족 유사성을 쉽게 알아볼 것이다. 여러 대중운동이 공통점이 많다는 가정은 모든 운동이 똑같이 이롭다거나 똑같이 해롭다는 이야기가 아니다. 이 책은 일절 시비를 가름하지 않으며 일절 호오를 밝히지 않는다. 다만 설명하고자 할 뿐이며, 그 설명이—전부가 나 개인의 지론이지만—설사 단정적인 어조를 띠더라도 본질적으로는 제언이며 주장이다. 이런 면에서 몽테뉴보다 나의 생각을 잘 대변해주는 이는 없을 듯하다. "나는 그저 생각을 주고받으며 논의해보자는 것일 뿐이니, 어떤 소리도 충고로 받아들이지 말지어다. 누구라도 내 말을 믿을 것이라고 생각했다면 그렇게 큰소리치지는 못했으리라."

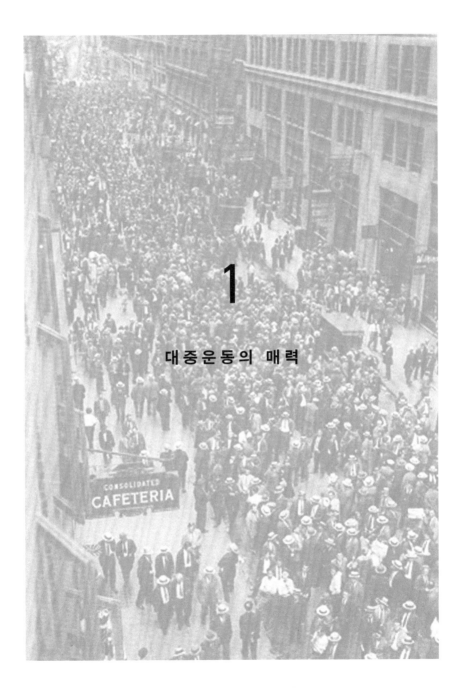

1

대중운동의 매력

1

변화를 향한 갈망

I

치솟는 혁명운동에 가담하는 많은 이가 자신들의 삶의 조건이 순식간에 극적으로 변할 것이라는 전망에 이끌리는 것은 자명한 이치다. 혁명운동은 변화를 추구할 때 눈에 띄는 수단이다.

그만큼 눈에 띄지는 않지만 종교운동과 민족운동도 변화의 수단이 될 수 있다. 거대하고 급진적인 변화를 실현하는 데는 분명 광범위한 열광이나 흥분이 필요하며, 그 활기가 막대한 부에 대한 기대감에서 온 것인지 혹은 역동기의 대중운동에서 만들어진 것인지는 중요해 보이지 않는다. 독립전쟁 이후 미국에서 이루어진 눈부신 변화는 자기발전 기회를 원하는 열광적인 분위기 속에서 가능했다. 자기발전이 동력이 될 수 없는 곳 혹은 허용되지 않는 곳에서는 다른 열광의 원천을 찾아야 정체된 사회의 각성과 혁신, 혹은 공동체의 성격과 생활양식의 급진적인 개혁 같은 중대한 변화가 실현되고 지속될 수 있다. 종교운동, 혁명운동, 민족운동이 그러한 열광을 일으키는 발전소가 된다.

과거에는 종교운동이 변화를 꾀하는 매체로 두각을 나타냈다. 종교—정교파—의 보수성은 불활성 물질처럼 한때 대단히 활기 넘치던 기운을 정체되게 만든다. 역동적인 종교운동은 변화와 실험에 몰두한다. 다시 말해 각 방면의 새로운 관점과 기법을 받아들인다. 이슬람교는 등장 당시 아랍 세계를 조직하고 현대화하는 수단이었다. 기독교는 유럽 야만 부족에게 문명 전파와 현대화라는 역할을 수행했다. 십자군과 종교개혁은 둘 다 중세라는 정체기에 빠져 있던 서양을 흔들어 깨운 중대 요인이었다.

현대의 대중운동 가운데 대규모로 신속하게 이루어진 것은 혁명운동과 민족운동이다. 이는 두 운동이 단독으로 진행되었건 결합된 형태로 진행되었건 들어맞는 얘기다. 표트르 대제의 헌신성과 영향력, 무자비한 기질은 크게 성공한 혁명운동 혹은 민족운동 지도자들과 다를 바 없었을 것이다. 그러나 그는 가장 우선시했던 목적을 이루지 못했다. 그 목적이란 러시아를 서방 국가로 탈바꿈하는 것이었다. 그가 실패한 것은 러시아 민중에게 영혼을 뒤흔들 만한 열정을 불어넣지 못했기 때문이다. 그럴 필요를 느끼지 못했거나 아니면 자신이 목표한 바를 숭고한 대의로 만드는 방법을 몰랐거나, 이유는 둘 중 하나일 것이다. 황제들과 로마노프 일가를 한 사람도 남기지 않고 쓸어버린 볼셰비키 혁명가들이 표트르—황제이자 로마노프가(家) 사람—에게 동질감을 느꼈다 해도 새삼스러울 것은 없다. 표트르의 목표가 이제는 볼셰비키의 목표인즉, 그가 실패했던 것을 성공시키려는 것이기 때문이다. 볼셰비키 혁명에 대해서 역사는 공산주의 경제 건설을 꾀했던 모습만이 아니라 지구 면적의 육분의 일을 현대화하려 했던 노력도 함께 기록해야 할지 모르겠다.

프랑스 혁명과 러시아 혁명이 다 민족운동으로 변질했다는 사실은, 현대에는 민족주의가 대중의 열정을 가장 오래도록 지속되게 하는 원천이요, 혁명의 열정으로 밀어붙여 시작된 급진적 변화가 완성되기 위해서는 민족주의 열기가 보조를 맞춰야 함을 보여주는 듯하다. 현재 영국의 노동당 정부가 난국에 처한 것이 국가 경제와 4천 9백만 인구의 생활양식에 변화를 꾀하면서 열정과 자신감, 무모한 희망이 끓어오르는 분위기를 조성하지 못한 것도 작용하지 않았을까 하는 의문이 든다. 점잖고 교양 있는 노동당 지도자들이 대부분의 당대 대중운동이 보여준 추악상에 반감을 키우면서 혁명적 열기를 기피하게 된 것은 아닌가

싶다. 그래도 상황이 그들에게 온건한 형태의 광신적 애국주의를 활용하게끔 몰아간다면 영국에서도 "국가의 사회주의화가 사회주의의 민족주의화의 필연적 결과로〔나타날〕"[1] 가능성은 남아 있다.

일본의 경이적인 근대화는 일본 민족주의의 유신정신 없이는 가능하지 않았을 것이다. 일부 유럽 국가(특히 독일)의 급속한 현대화도 민족주의의 열기가 높아지고 광범위하게 확산된 분위기가 한몫 거들었을 것이다. 현재의 징후를 볼 때, 아시아의 부흥은 어떤 다른 것보다는 민족운동이라는 수단을 통해 이루어질 것이다. 케말 아타튀르크가 튀르키예의 근대화를 거의 하룻밤 사이에 달성할 수 있었던 것도 진정한 민족운동이 일어난 덕분이었다. 대중운동의 움직임이 없었던 이집트는 근대화가 비틀거렸고 더뎠다. 이집트에서는 메메트 알리 시대부터 통치자들이 서양에 문호를 개방했고 서양과의 접촉이 빈번하고도 밀접했으나 근대화를 추동하지는 못했다. 시온주의는 뒤처진 국가를 혁신하고 소매 상인과 정신 노동자들을 농민, 노동자, 군인으로 변신시키는 도구다. 장제스가 진정한 대중운동을 일으킬 방법을, 아니 최소한 일본의 침략으로 불붙은 민족주의의 열정을 지속시킬 방법만이라도 알았더라면, 지금쯤은 중국을 개혁하는 지도자로 활약하고 있었을 것이다. 그러나 그 방법을 몰라서 '종교화' 기술―현실적 목표를 숭고한 대의로 바꿔놓는 기술―의 대가에게 힘없이 밀려나고 말았다. 미국과 영국이 (혹은 서양의 어떤 민주주의 국가라도) 어째서 후진적이고 정체된 아시아 국가들을 일깨우는 데 직접적이고 주도적인 역할을 하지 못했는가는 이해하기 어렵지 않다. 서구 민주국가들한테는 수백만 아시아인의 의식 속에 쇄신의 불을 지필 의사도, 능력도 없었다. 서구 민주국가들이 아시아의 각성에 기여한 바는 간접적이었으며 의도한 결과도 아니었다. 그들이 불붙인 열정은 서양에 대한 적대감이었으니 수 세기 동안 잠들어 있던 동양을 깨워 일으킨 것은 바로 이 격렬한 반서구 감정이다.[2]

변화를 향한 갈망이 피상적인 동기에서 비롯되는 경우도 드물지는 않지만, 이 갈망을 탐구하는 것이 대중운동의 내적 작용을 밝혀줄 것인지 알아볼 가치는 있을 것이다. 그런 고로 변화를 향한 갈망의 본질을 살펴보기로 한다.

2

우리는 자기 존재를 형성하는 힘을 외부에서 찾는 경향이 있다. 우리의 의식 속에서 성공과 실패는 불가피하게 자신을 둘러싼 세계의 상태와 결부된다. 이 때문에 충만감을 느끼는 사람들은 그 세계를 좋은 세계로 인식하여 그 상태로 보존하고 싶어하지만 좌절한 사람들은 급진적인 변화를 선호한다. 일체의 원인을 자기 외부에서 찾고자 하는 경향은 자신의 처지가 확연히 능력, 성격, 외모, 건강 등 개인적인 자질의 산물인 경우에도 마찬가지다. "어떤 작은 일로 자기 구실을 할 수 없는 지경으로 괴로움을 당한다면, 그것이 하다못해 장의 통증이라 해도 …… 사람은 당장 세계 개혁에 나선다"[3]고 소로는 말한다. 실패한 사람들이 실패의 원인을 세상 탓으로 돌리는 습성은 이해가 간다. 희한한 것은 성공한 사람이 자신의 선견지명과 투지, 검약 습관, 그밖의 '훌륭한 자질'에 아무리 자부심이 강하다 해도 내심은 그 성공이 여타의 여건과 운 좋게 결합한 결과라고 믿는다는 사실이다. 백발백중 성공하는 사람이라고 늘 자신감 넘치는 것은 아니다. 그들은 자신의 성공에 작용하는 모든 요소를 안다고 결코 장담하지 않는다. 외부 세계가 그들에게는 위태롭게 균형을 잡고 있는 장치이며, 자신에게 유리하게 돌아가는 한 손대기를 꺼려한다. 이렇듯 변화에 대한 저항과 변화를 향한 갈망은 동일한 확신에서 나온 것으로, 열렬하기는 어느 쪽이나 마찬가지다.

3

불만 자체가 반드시 변화의 갈망을 일으키는 것은 아니다. 다른 요인들이 나타나야만 불만이 민심 이반으로 옮겨갈 수 있다. 그중 하나가 권력 의식이다.

주위 환경에 두려움을 느끼는 사람들은 아무리 비참한 처지에도 변화를 생각하지 않는다. 생활양식이 너무나 위태로워서 삶의 환경을 제어할 수 없다는 생각이 굳어지면 우리는 검증된 것, 익숙한 것을 고수하는 경향을 보인다. 우리는 정해진 삶을 따름으로써 내면 깊숙한 불안감을 중화시킨다. 우리는 이 방법으로 예측할 수 없는 상황을 길들였다는 환상을 얻는다. 거친 세계와 겨뤄야 하는 어부, 유목민, 농부, 영감에 의존하는 창조적 노동자, 환경을 두려워하는 야만인…… 이들은 모두 변화를 두려워한다. 그들은 세계를 전권을 가진 배심원 대하듯 바라본다. 비참하게 가난한 사람들도 자기를 둘러싼 세계를 두려워하여 변화에 호의적이지 않다. 추위와 굶주림이 뒤따를 때 우리네 인생은 위험하다. 따라서 빈민층의 보수성은 특권층의 보수성만큼이나 뿌리 깊으며, 전자는 후자만큼이나 사회 질서를 영속하는 하나의 요인으로 작용한다.

거대한 변화라는 과업에 달려드는 사람들은 대개 자신에게 어떤 저항할 수 없는 힘이 있다고 느낀다. 프랑스 혁명을 이루어낸 세대에는 인간의 이성이 전능하며 인간의 지적 능력이 무한하다는 과장된 의식이 있었다. 토크빌은 인간애가 이보다 자랑스럽게 여겨진 적도 그 전지전능함이 그만한 신념을 얻었던 시기도 없었다고 말한다. 이 과장된 자신감에 변화를 향한 전인류적 갈증이 만인의 마음속에 자발적으로 찾아들었다.[4] 새로운 세계의 창조라는 혼돈 속으로 무모하게 뛰어든 레닌과 볼셰비키는 마르크스주의의 전능함을 맹신했다. 나치에게는 마르크스주의처럼 강력한 강령은 없었지만 절대무류의 지도자에 대한 신념이 있었으며 신기술에 대한 확신도 있었다. 전격전과 선전전이라는 신기술이 독일을 압도적으로 만든다는 확신이 없었더라면 국가사회주의(나치즘)가 그처럼 빠르게 전진했겠는가는 불확실하다.

맨정신으로 진보를 갈망하는 것조차 신념—인간의 선한 본성과 과학의 전능함에 대한 신념—이 있을 때 비로소 가능하다. 이는 도전적이며 불경한 신념으로, "도시를 세우고 꼭대기가 하늘까지 닿는 탑"을 쌓겠다던 사람들, "앞으로 하려고만 하면 못할 일이 없겠구나" 하고 믿었던 사람들이 품었던 신념과 다르지 않다.[5]

4

당장은 단순히 권력만으로도 세계에 대한 건방진 태도와 변화를 수용하는 능력을 얻으리라고 기대할 것이다. 그러나 항상 그렇게 되는 것은 아니다. 권력자도 약자만큼이나 소심해질 수 있다. 권력이라는 도구를 갖는 것보다 중요한 것은 미래에 대한 믿음이다. 미래에 대한 믿음이 없는 권력은 주로 새로운 것을 피하고 현상을 유지하는 데 사용된다. 반면에 과도한 희망이 있으면 실제 권력이 뒷받침해주지 않는 경우일지라도 앞뒤 재지 않고 무모한 시도를 하게 마련이다. 희망에 부푼 사람들은 터무니없는 권력의 원천—구호나 어휘, 심지어 단추 하나—

에서도 힘을 얻는다. 미래에 대한 믿음을 포함하지 않는 한, 천년왕국의 요소가 없는 한, 어떠한 믿음도 힘을 발휘하지 못한다. 효과적인 강령도 이와 마찬가지로 권력의 원천이라는 점뿐만이 아니라 미래의 서〔書〕를 여는 열쇠라는 점을 강조해야 한다.[6]

불평불만을 일으키고 명령한다거나 꾀하는 변화가 온당하며 바람직하다는 것을 보여준다거나 사람들에게 새로운 삶의 방식을 강요하는 것으로는 국가나 세계를 변혁할 수 없다. 국가나 세계를 변혁하려는 사람들은 부푼 희망에 불을 지피고 일으키는 방법을 알아야만 한다. 천국의 희망이건 지상 낙원의 희망이건 막대한 부를 차지할 수 있다는 희망이건 엄청난 성취나 세계 정복의 희망이건 상관없다. 공산주의가 유럽과 전세계 많은 지역에서 승리한다면, 그것은 그들이 불만을 자극하는 방법이나 증오를 퍼뜨리는 방법을 알아서가 아니라 희망을 설득할 줄 알기 때문이다.

5

이렇듯 보수파와 급진파의 차이는 크게 미래에 대한 태도에서 나오는 것으로 보인다. 미래에 대한 두려움은 현재에 기대고 매달리게 만들지만 미래에 대한 믿음은 변화를 받아들이게 만든다. 부유층과 빈곤층, 강자와 약자, 모두가 많이 가졌건 가진 것이 없건 미래에 대해서는 두려움을 품을 수 있다. 현재가 너무나 완벽해 보여서 우리가 바라는 것이라곤 현재가 미래에도 지속되는 것뿐일 때, 변화란 악화를 의미할 따름이다. 따라서 뛰어난 성취를 거둔 사람들, 행복하고 충만한 삶을 사는 사람들은 급격한 개혁에 적대적이기 마련이다. 노약자들의 보수성 또한 미래에 대한 두려움에서 온다. 그들은 쇠락의 조짐을 찾는 사람들이며, 변화라면 어떤 것이 되었건 좋은 쪽보다는 나쁜 쪽으로 받아들인다. 비참한 빈곤층도 미래에 대한 믿음이 없는 사람들이다. 그들에게 미래는 앞으로 가게 될 길에 파묻힌 지뢰처럼 느껴진다. 아주 조심해서 걷지 않으면 안 된다. 그들에게 변화를 꾀한다는 것은 사서 고생하는 꼴이다.

희망을 품은 사람들을 보자. 원대한 희망에 사로잡힌 사람이라면 열정적인 지식인이건 땅을 갈망하는 농부건 일확천금을 바라는 투기꾼이건 냉철한 상인이건 자본가건 맨손의 노동자건 귀족 지주건 누구라도 다를 바가 없어 보인다. 그들은 모두 현재를 거침없이 살아가며 필요하다면 현 상황을 파괴하고 신세계를 창조한다. 이렇듯 혁명은 특권층에 의한 것일 수도, 혜택 받지 못한 사람들에 의한 것일 수도 있다. 16세기와 17세기 잉글랜드의 종획운동은 부자들이 일으킨 혁명이었다.

모직산업이 크게 번영하자 목축업이 농업보다 큰 이익을 내게 되었다. 그러자 지주들이 차지인들을 내몰고 공유지에 울타리를 침으로써 사회적으로 경제적으로 심대한 변화가 일어났다. "지주와 귀족은 사회질서를 전복하고 오랜 법과 관습을 무너뜨렸는데, 때로는 폭력을 동원했으며 걸핏하면 강압과 협박을 행사했다."[7] 잉글랜드에서는 18세기 말에서 19세기 초에 걸쳐 또 한 차례 부자들의 혁명이 일어났는데, 이것이 곧 산업혁명이다. 기계화의 놀라운 잠재력은 공장주와 상인들의 마음속에 불을 질렀다. 그들은 "각 종파의 교인들을 전례 없이 흥분시킨 극단적이고 급진적인"[8] 혁명을 시작했으며, 이들 지위 높고 신앙심 독실한 시민들은 상대적으로 짧은 기간 안에 잉글랜드의 겉모습을 알아보지 못할 정도로 변화시켰다.

꿈과 희망이 거리에 넘쳐날 때, 소심한 사람들이라면 대문을 걸어 잠그고 창문을 내리고 몸을 낮추고 격랑이 지나가길 기다리는 것이 현명한 노릇이다. 아무리 고상하고 온화한 것일지언정 희망과 그로 인해서 빚어지는 실상은 크게 불일치할 수 있기 때문이다.

6

어떤 거대한 변화 임무에 물불 가리지 않고 뛰어드는 사람들은 극렬한 불만을 느끼지만 극빈 상태는 아니어야 하며, 어떤 강력한 강령이나 절대적인 지도자 혹은 어떤 신기술을 얻을 때 압도적인 힘의 원천에 접근할 수 있다고 믿어야 한다. 그들은 미래의 가능성과 잠재력에 대해

부푼 믿음을 가져야 한다. 끝으로, 자기네가 떠맡은 그 거대한 임무에 수반되는 어려움은 전혀 알지 못해야 한다. 이들에게 경험은 장애가 된다. 프랑스 혁명을 시작한 사람들은 정치적 경험이 전무했다. 볼셰비키와 나치, 아시아 여러 국가에서 일어난 혁명들도 마찬가지다. 경험자들은 늦게 개입한다. 잉글랜드인들이 대중운동에 소심한 것도 어쩌면 앞선 정치적 경험 때문일 것이다.

2

자기부정을 향한 갈망

7

대중운동의 호소력과 실제적 조직의 호소력에는 근본적으로 한 가지 차이가 있다. 실제적인 조직은 자기향상의 기회가 되며, 그 필요성은 주로 자신의 이해관계에서 나온다. 반면에 대중운동은 특히나 부흥운동이 활발하게 벌어지는 단계에서는 소중한 자신을 뒷받침하고 발전시키려는 사람들이 아니라 쓸모없는 자신을 몰아내고 싶어하는 사람들에게 호소력을 갖는다. 대중운동이 추종자들을 끌어들이고 붙들어둘 수 있는 것은 자기발전 욕구를 충족시켜서가 아니라 자기부정 열망을 충족시키기 때문이다.

자기 인생이 돌이킬 수 없이 망가졌다고 생각하는 사람들은 애쓸 가치가 있는 자기발전 목표를 찾지 못한다. 자기 개인이 성공할 수 있다는 전망으로는 그들로 하여금 어떤 강고한 노력을 기울이게 만들지 못하며, 어떤 신념이나 흔들림 없는 헌신을 끌어내지도 못한다. 그들은 개인의 이익을 부패하고 사악한 것, 부정하고 불길한 것으로 여긴다. 자기 힘으로 이루어내는 어떤 것이든 미리 정해져 있는 것으로 본다. 자기에 뿌리와 이유를 둔 것이라면 어떤 것도 선하고 고상할 수 없다. 그들의 가장 깊숙한 열망은 어떤 숭고한 대의와 자신을 일치시킴으로써 새로운 삶―갱생―을 사는 것이며, 혹은 이것에 실패하더라도 자부심, 자신감, 희망, 목적의식, 자신이 가치 있는 존재라는 의식 등 새로운 본령을 획득할 기회를 좇는다. 역동기의 활발한 대중운동은 이 두 가지 기회를 동시에 제공한다. 대중운동에 전면적으로 나선다면 이 운동의 촘촘한 조직에서 새 삶을 얻으며, 지지자로 나선다면 이 운동의 노력과 전망, 성취에 스스로를 일치시킴으로써 자부심, 자신감, 목적의식을 얻을 수 있다.

좌절한 사람들에게 대중운동은 자기의 삶을 통째로 대체하는 무언가, 혹은 삶을 견딜 만하게 만들어주는, 그러나 자기 혼자 힘으로는 이끌어낼 수 없는 무언가가 된다.

태동기 대중운동 추종자 중에도 이 운동이 운명의 물레를 돌려 자신에게 명예와 권력을 가져다주리라는 희망으로 가세한 투기꾼들은 있게 마련이다. 반면에 단체나 전통적 정당 혹은 여타 실무적 조직 운동에 참여하는 사람들이 상당히 사심 없는 헌신을 보여주는 경우도 있다. 그럼에도 그 운동이 자신의 이익에 부합하지 않거나 욕구를 충족시키지 못하는 한 실질적인 관심을 유지시킬 수 없다는 현실도 남아 있지만, 새로 일어난 대중운동의 활력과 성장은 자기희생을 각오하는 열정을 불러일으키거나 충족시킬 잠재력에 달려 있다. 어떤 대중운동이 자기 개인의 성공에 관심 있는 사람들을 끌어들이기 시작한다면, 이는 활력 넘치는 단계는 지났다는 신호, 더 이상은 새로운 세계를 건설하는 과정이 아닌 현상을 유지하며 보전하는 상태라는 신호다. 그 단계에 이르면 그것은 운동이 아니라 사업이 된다. 히틀러에 따르면, "마련해줘야 할 일자리와 사무실이 많아질수록 운동에 모여드는 인력의 질은 떨어지며, 결국에는 이런 정치 모리배들이 성공한 정당을 장악하게 되어 지난날의 정직한 투사들이 그것이 예전의 그 운동이 맞는지 알아보지 못하는 지경에 이른다. …… 그렇게 될 때, 그 운동의 '사명'은 끝난 셈이다."[1]

전향을 통해 획득한 완벽한 대체물의 본질은 3부에서 자기희생과 단결을 다룬 장에서 논의할 것이다. 여기서는 부분적 대안을 다루겠다.

8

숭고한 대의에 대한 신념은 우리가 자기 자신에게 잃은 믿음을 대신하여 엄청난 힘을 발휘하게 된다.

9

사람은 자신의 우월함을 뒷받침할 근거가 빈약할수록 자신의 국가나 종교, 인종 혹은 자기가 지지하는 대의가 우월하다고 주장하기 쉽다.

10

사람은 자기 일이 신경 쓸 가치가 있을 때라야 신경 쓴다. 그렇지 않을 경우, 무의미한 자기 일은 팽개쳐두고서 남의 일에 신경 쓰게 마련이다.

남의 일에 신경 쓰는 것은 험담하거나 꼬치꼬치 캐묻거나 참견하는 형태로 나타나며, 또한 공동체나 국가, 인종 문제에 대한 열띤 관심으로 나타나기도 한다. 자기 문제는 회피하면서 이웃의 어깨에 매달리든 목을 조르려고 덤벼들든 하는 것이다.

II

자신에게 타인을 위하여 행하여야 할 어떤 숭고한 의무가 있다는 뜨거운 확신은 때로 좌절된 자신을 흘러가는 뗏목에 붙들어매기 위한 길이 되기도 한다. 숭고한 의무를 제거하면 보잘것없고 의미 없는 삶이 되고 만다. 자기만 알던 삶에서 자기를 버리는 삶으로 바꿀 때 엄청난 자존감을 얻으리라는 것은 재론의 여지가 없다. 자기를 버린 이들이 느끼는 자부심이란, 극도의 겸손을 실천하는 이들이라고 해도, 무한한 법이다.

I2

대중운동의 가장 강력한 매력의 하나는 그것이 개인적인 희망을 대체할 수 있다는 점이다. 이 매력은 특히나 진보라는 신념에 고취된 사회에서 힘을 발휘한다. 진보라는 개념에서는 '내일'이 크게 부각되며, 앞날을 전혀 기대할 수 없을 때 좌절감은 더욱 뼈저리게 느껴지기 마련이다. 헤르만 라우슈닝은 히틀러 이전 시기의 독일에 대해서 "그 패전 뒤 우리가 견뎌야 했던 고통 가운데 최악은 모든 것이 끝났다는 느낌이었다"[2]고 말한다. 현대인은 쉴 새 없는 분주함으로 숨 돌릴 틈 없이 멍한 상태가 계속될 때만이 희망 없이도 살아갈 수 있다. 실직자의 절망은 빈곤의 위협에서만이 아니라 갑자기 앞에 아무것도 보이지 않는 암

담함에서도 온다. 실직자라면 구호물자를 나눠주는 사람보다는 희망을 설파하는 사람을 더 지지하고 싶어할 것이다.

대중운동은 흔히 대중을 미래라는 희망에 맞춰시키면서 그것을 현재의 즐거움이라고 믿게끔 현혹한다고 비난받는다. 그럼에도 절망한 사람들에게 현재란 돌이킬 수 없이 망가진 것이다. 위안과 쾌락으로는 온전해지지 못한다. 희망을 품지 못하는 한 그들에게 진정한 만족이나 위로는 없다.[3]

13

자신의 이익이며 전망이 자기를 바칠 가치가 없어 보일 때, 우리는 필사적으로 자기 아닌 다른 것에 스스로를 바치고자 한다. 자신의 몸과 마음, 시간과 노력을 다 바치는 모든 행위, 충성하는 행위, 무언가에 헌신하는 행위는 본질적으로 자신의 하찮은 삶, 망가진 인생에 가치와 의미를 부여할 무언가에 필사적으로 매달리는 것이다. 따라서 우리는 자기를 대신할 무언가를 받아들이게 되면 열렬하고 극단적으로 나갈 수밖에 없다. 자신에 관한 문제라면 합당한 자신감만 있으면 되지만 국가나 종교, 인종 혹은 숭고한 대의에 대한 신념은 과도하고 강경해야 한다. 절충적으로 받아들인 대체물은 잊고 싶은 자신의 문제를 밀어내거나 지워버리지 못하기 때문이다. 우리는 무언가를 위해 기꺼이 목숨 걸

각오를 했을 때 비로소 자기가 그것을 위하여 살 준비가 되어 있다고 확신한다. 이 기꺼이 목숨 걸 각오야말로, 우리가 돌이킬 수 없이 놓쳐버렸거나 망쳐버린 최우선 선택의 대체물로 받아들인 그것이 사실은 애초에 최선이었다는 근거다.

3

대중운동의 호환성

I4

사람들이 어떤 대중운동을 시작할 준비가 되었다는 것은 어떤 특정한 강령이나 사업에 준비된 것이 아니라 어떤 효과적인 운동이라도 뛰어들 준비가 되었다는 뜻이다. 히틀러 이전 독일의 불안한 젊은이들은 흔히 동전 던지기로 공산당에 가입할 것이냐 나치에 가입할 것이냐를 정했다. 제정 러시아의 인구 과밀 지구에서 부글부글 끓어오르는 유대 집단은 혁명과 시온주의, 어느 쪽으로든 뛰어들 준비가 되어 있었다. 한 가족 안에서 한 사람이 혁명파에 가담하면 또 한 사람은 시온파에 가담했다. 하임 바이츠만 박사는 그 시절 자기 어머니가 한 말을 인용한다. "무슨 일이 벌어지든 난 무사할 거다. 슈무엘〔혁명파 아들〕이 옳다면 다같이 러시아에서 행복하게 살 거고, 하임〔시온파 아들〕이 옳다면 팔레스타인에 가서 살면 될 테니."[1]

잠재적 맹신자가 어떤 특정 운동에 열렬한 전향자가 되었다고 해서 이와 같은 모든 운동의 호환성이 없어지는 것은 아니다. 대중운동들 간에 치열한 경쟁이 벌어지는 곳에서 전향자들이—가장 열광적이었던 사람들까지도—충성의 대상을 바꾸는 사례가 결코 드물지 않다. 사울이 바울로 바뀌는 일은 희귀한 일도 기적도 아니다. 전향을 권유하는 우리 시대의 대중운동은 라이벌 집단의 가장 열광적인 추종자들을 잠재적 전향자로 주목하는 듯하다. 히틀러는 독일 공산주의자들을 잠재적 국가사회주의자로 점찍어 "프티부르주아 사민주의자와 노조위원장은 절대 국가사회주의자가 되지 못하겠지만 공산주의자라면 언제든지 가능하다"[2]고 말한 바 있다. 룀 대장은 가장 골수 공산주의자를 4주 안에 눈부신 국가사회주의자로 바꿔놓을 수 있다고 큰소리쳤다.[3] 그런가 하면 카를 라데크는 나치 돌격대원(S. A.)을 미래의 신참 공산당원 예비 부대쯤으로 여겼다.[4]

모든 대중운동이 같은 인간의 속성에서 추종자를 끌어내며 같은 심리에 호소하므로 (a) 모든 대중운동이 경쟁을 벌이며, 한 운동이 세를 얻을 때 나머지 다른 운동들은 세를 잃는다. (b) 모든 대중운동은 호환

된다. 하나의 대중운동은 언제든 다른 대중운동으로 변형될 수 있다. 하나의 종교운동이 발전하여 사회혁명운동이나 민족운동으로 바뀔 수 있으며, 하나의 사회혁명운동이 호전적인 민족운동이나 종교운동으로 바뀔 수 있고, 민족운동도 사회혁명운동이나 종교운동으로 바뀔 수 있다.

15

대중운동이 하나의 성격만으로 나타나는 경우는 드물다. 대개는 다른 유형에 속하는 운동의 양상을 일부 띠며, 하나의 대중운동에 두세 유형이 복합적으로 나타나는 경우도 있다. 히브리인의 이집트 탈출은 노예 반란이자 종교운동이자 민족운동이었다. 일본 군국주의의 본질은 종교적이다. 프랑스 혁명은 하나의 새로운 종교였다. 거기에는 "이 혁명의 신조인 신성한 원칙—자유와 신성한 평등(Liberté et sainte égalité)—이 있다. 전례의 형식은 가톨릭 의례를 응용했고, 거기에 시민 축제의 요소를 결합하여 화려하게 만들었다. 해방의 영웅들과 순교자들은 혁명의 성자가 되었다."[5] 프랑스 혁명은 그런 동시에 하나의 민족주의운동이었다. 제헌의회는 1792년에 곳곳에 다음과 같은 비문을 새긴 제단을 세워야 한다고 선언했다. "시민은 조국을 위해 태어나고 조국을 위해 살며 조국을 위해 죽는다."[6]

종교운동인 종교개혁은 농민 봉기로 표현된 바, 혁명적 측면이 있었으며 또한 민족주의운동이기도 했다. 루터가 이르기를 "이탈리아 사람들 눈에 우리 독일인은 비천한 튜튼족 돼지일 뿐이다. 그들은 우리를 사기꾼처럼 수탈하며 이 나라를 골수까지 빨아먹고 있다. 깨어나라 독일이여!"[7]

볼셰비키 혁명과 나치 혁명은 종교적 성격을 띠었다는 것이 일반적인 인식이다. 낫과 망치, 만자 기장은 기독교의 십자가와 동급이다. 이들의 행진은 종교 행렬과 같은 의례다. 이들 혁명에는 신념, 성자, 순교자, 성지로 삼는 묘가 있다. 볼셰비키 혁명과 나치 혁명도 무르익은 민족주의운동이었다. 나치 혁명은 시초부터 그랬지만, 볼셰비키의 민족주의는 나중에 발전했다.

시온주의는 민족운동이자 사회혁명운동이다. 정통파 유대교도에게는 종교운동이기도 하다. 아일랜드의 민족주의는 종교적 색채가 짙다. 오늘날 아시아에서 벌어지는 대중운동은 민족운동과 혁명운동, 두 운동의 성격을 함께 띤다.

16

하나의 대중운동을 중단한다는 것은 종종 한 운동을 다른 운동으로 대체하는 문제가 된다. 종교운동이나 민족운동을 조장함으로써 사회혁명이 중단되는 경우가 있다. 이렇듯 가톨릭이 다시 대중운동의 정신으로 떠오른 나라에서는 공산주의의 확산이 좌절되었다. 일본에서는 국수주의가 모든 사회저항운동의 배출구가 되었다. 미국의 남부에서는 인종 간의 연대 운동이 사회 봉기의 예방약이 되었다. 캐나다의 프랑스계 인구와 남아프리카공화국의 보어인 사이에서도 유사한 상황을 찾아볼 수 있다.

다른 운동으로 대체함으로써 한 운동을 중단하는 방법에 위험이 없는 것은 아니며, 대개는 적지 않은 대가를 치른다. 현재를 껴안고 유지하고자 하는 사람이라면 대중운동에 끼어들지 않는 것이 좋다. 하나의 대중운동의 행군이 시작되면 현재는 고달파지기 때문이다. 전쟁 전 이탈리아와 독일의 분별 있는 사업가들이 공산주의를 막기 위해서 파시즘과 나치즘을 고무한 것은 전적으로 '이치에 맞는' 행동이었다. 그러나 그렇게 함으로써 이 현실적이고 분별 있는 사람들이 스스로 파산을 재촉했다.

그보다 안전한 대중운동의 대안은 있다. 일반적으로 원자론적 개인주의를 훼방하거나 자기 망각을 조장하거나 행동과 새 출발 기회를 제공하는 어떠한 타협안이라도 대중운동의 기흥과 전파를 중화하는 작용을 한다. 이 주제는 뒤에서 다루기로 하고 여기서는 대중운동의 한 가지 특이한 대안, 즉 이주에 대해 간단히 논할 것이다.

I7

이민은 좌절한 이들이 어떤 대중운동에 가담하면서 희망하는 일련의 것, 말하자면 변화와 새 출발의 기회를 제공한다. 떠오르는 대중운동의 순위를 높이는 이들 역시 이주의 기회를 붙잡으려는 이들과 같은 유형에 속한다. 이렇듯 이주는 대중운동의 대안으로 기능할 수 있다. 예컨대 미국과 대영제국이 제1차 세계대전 이후 유럽의 대규모 이주민을 반겼다면 파시즘도 나치즘도 가능하지 않았을지 모른다. 미국에서는 드넓은 대륙 전역에 걸친 자유롭고 수월한 이주가 사회 안정에 기여했다.

하지만 대규모 이주는 구성원들의 속성상 순수한 대중운동이 발생할 수 있는 비옥한 토양이 된다. 때로는 어디까지가 대규모 이주이며 어디부터가 대중운동인지, 그리고 어느 쪽이 먼저인지 구분하기 어렵다. 이집트에 있던 유대인들의 이주는 하나의 종교운동이자 민족운동으로 발전했다. 로마제국 쇠락기 야만족들의 이주는 단순한 인구 이동 이상의 것이었다. 야만족들이 수적으로는 소수였지만 한 나라를 침입하자 모든 계급의 억압당하고 못마땅한 자들이 그들에게 합세했다는 점에 주목해야 한다. "그것은 겉보기에 이민족의 정복이라는 탈을 쓰고 시작된, 하나의 사회혁명이었다."[8]

모든 대중운동이 어떤 의미에서는 이주—약속의 땅을 향해 가는 운동—이며, 실현 가능하며 시기적절한 곳에서는 실제 이주가 이루어진다. 청교도, 재세례교파, 모르몬교파, 두호보르파, 시온주의자의 이주가 그렇게 이루어졌다. 대규모로 이루어지는 이주는 운동의 정신과 구성원들의 결속을 강화하며, 이민족 정복의 형태가 되었건 십자군이 되었건 순례가 되었건 신천지 정착이 되었건 대다수의 적극적인 대중운동이 이 형태를 취한다.

2

잠재적 전향자

4

인간사에서
불명예스러운 자들의 역할

I8

어떤 인종이나 국가 혹은 어떤 특정 집단을 평가할 때면 그곳의 가장 밑바닥 사람들을 척도로 삼는 경향이 있다. 명백히 부당한 일이지만 여기에도 명분이 없지는 않다. 어떤 집단의 특성과 운명이 그곳의 가장 열등한 요소로 결정되는 일도 적지 않기 때문이다.

가령 어떤 국가에서 가장 타성적인 대중은 중간층이다. 도시와 농촌에서 일하는 어지간한 수준의 평균 인구 집단의 성격과 형태는 양 극단에 있는 소수자들—최상위층과 최하위층—의 영향을 받으면서 만들어진다.[1]

정치, 학문, 과학, 상업, 산업, 어느 분야를 막론하고, 우월한 개인들은 국가의 형성에 큰 영향을 끼치지만, 그 반대편 극단에 속하는 개인들—낙오자, 부적응자, 부랑자, 범죄자 등 존중받는 인간 부류의 순위에서 발판을 잃었거나 한 번도 그런 발판을 가져보지 못한 사람들—도 마찬가지의 영향을 끼친다. 역사라는 놀이는 흔히 중간의 다수자들은 제쳐놓고 최상위와 최하위 사람들에 의해서 이루어진다.

한 국가에서 가장 열등한 구성원들이 그 과정에서 두드러진 영향을 발휘할 수 있는 이유는 그들이 현재 상태를 털끝만치도 존중하지 않기 때문이다. 그들은 자신의 인생과 현재를 치유할 수 없이 망가진 것으로 여기며 인생이든 현재든 언제든지 내버리고 파괴될 준비가 되어 있다. 이것이 그들의 무모함과, 혼돈과 무정부 의지의 원천이다. 그들은 또한 이미 망가져버린 의미 없는 자신을 영혼을 휘젓는 눈부신 공동체적 사명에 바칠 수 있기를 갈망한다. 여기에서 그들이 단결 행동을 하는 성향도 나오는 것이다. 그렇기에 혁명 초창기의 자원병들, 집단 이민자들, 종교운동과 인종운동, 광신적 애국운동 추종자들 가운데 최하층민들이 많은 것이며, 이들은 국가의 성격을 형성하고 역사를 건설하는 봉기와 대중운동에 자취를 남긴다.

버림받고 거부당한 사람들이 한 국가의 미래에 원료가 되기도 한다. 건축자가 거부한 돌이 새로운 세계의 주춧돌이 되는 것이다. 사회의 쓰레기 같은 존재와 불평분자가 없는 나라는 질서 정연하고 점잖고 평화롭고 쾌적하지만, 새로운 변화의 씨앗이 없는 셈이다. 유럽의 여러 국가에서 달갑지 않은 취급을 받았던 사람들이 대양을 건너 아메리카 대륙에 신세계를 건설했다는 사실은 역사의 아이러니가 아니다. 오로지 그들만이 할 수 있었던 일이다.

19

불평분자들은 각계각층에 존재하게 마련이지만 가장 흔히 볼 수 있는 곳은 다음 범주들이다: (a) 빈민 (b) 부적응자 (c) 부랑자 (d) 소수자 (e) 청소년 (f) (뛰어넘을 수 없는 장애에 맞닥뜨린 경우건 무한한 기회를 맞이한 경우건) 야심가들 (g) 일련의 악덕이나 강박에 사로잡힌 사람들 (h) (육체적으로나 정신적으로) 무능한 사람들 (i) 과도하게 이기적인 사람들 (j) 따분한 사람들 (k) 죄인들.

20~42항에서 이들 유형을 다룬다.

5

가난한 사람

신생 빈민

20

가난한 사람이라고 전부 불만을 품는 것은 아니다. 도시 빈민가에 갇힌 채 자신의 쇠락을 뽐내는 자들이 있다. 그들은 익숙한 구렁텅이에서 벗어난다는 생각만으로도 몸서리친다. 건실한 사람들조차 가난이 길어지면 타성에 젖는다. 그들은 변치 않는 세계의 질서에 위압된다. 어떤 격변—침략이나 전염병 혹은 다른 어떤 공동체의 재앙—이나 일어나야 그 '부동의 질서'도 일시적일 뿐이라는 사실에 눈뜬다. 불만으로 인한 소란에 맥박이 뛰는 것은 대개 상대적으로 최근에 가난해진, '신빈곤층'이다. 좋았던 시절의 기억으로 피가 끓는다. 물려받은 것, 가진 것을 다 빼앗긴 그들은 일어나는 모든 대중운동에 반응한다. 17세기 잉글랜드에서 청교도 혁명에 성공을 안긴 것은 신빈곤층이었다. 종획운동(5항을 보라)으로 수천 명의 지주들이 소작농들을 몰아내고 그들의 땅을 목초지로 바꾸었다. "힘좋고 활동적이던 농민들은 그들을 키워준 경지를 빼앗긴 채 임금 노동자나 억센 거지로 변했으며 …… 도시의 거리에는 빈민이 넘쳐났다."[1] 크롬웰의 신식 군대를 채운 신병들은 터전에서 쫓겨난 이들 부랑자 무리였다.

독일과 이탈리아에서는 무너진 중산층 출신 신생 빈민이 나치즘과 파시즘 운동의 주요 지지 세력을 구성했다. 오늘날 잉글랜드의 잠재적인 혁명 세력은 노동자들이 아니라 권리를 빼앗긴 문관과 상인들이다. 이 계급은 풍요와 지배권을 누리던 기억이 생생하여 옹색해진 조건과 정치적으로 무력해진 처지를 좀처럼 받아들이려 하지 않는다.

근래 들어 미국을 비롯하여 많은 나라에 새로운 유형의 빈민이 주기적으로 급증했으며, 그들의 등장이 대중운동의 발생과 확산에 기여했음은 두말할 필요도 없다. 근래까지 신빈곤층은 도시가 됐건 농촌이 됐건 주로 토지 소유 계층에서 발생했지만 아주 최근에는, 아마도 사상 처음일 텐데, 순수 노동자들이 이 역할을 맡게 되었다.

노동하는 사람들은 빠듯한 생계 수준으로 살아가는 한 전통적으로 가난한 사람으로 간주되었으며 스스로도 그렇게 느꼈다. 그들은 좋을 때나 나쁠 때나 가난하다고 느꼈다. 불황은 아무리 심각하더라도 별나고 대단한 것으로 간주되지 않았다. 그러나 높은 생활 수준이 널리 확산되면서 불황과 그로 인한 실직에 새로운 양상이 나타났다. 오늘날 서구 세계의 노동자들은 실직을 강등으로 느낀다. 그들은 부당한 세계 질서가 자기네를 박탈하고 상처 입혔다고 느끼며, 그렇기에 언제든 거대한 변혁의 외침에 귀 기울인다.

극빈자

2I

먹고사는 것이 아슬아슬한 사람들은 삶의 목표가 뚜렷하다. 먹을 것과 누워 잘 곳을 구하느라 애면글면하노라면 허무감 같은 것은 끼어들 틈이 없다. 그들의 목표는 구체적이고 직접적이다. 매 끼니가 하나의 성취이며 배부른 상태로 잠자리에 드는 것은 하나의 승리요 어쩌다 생기는 공돈은 기적이다. 그런 사람들한테 '인생에 의미와 존엄성을 부여하며 삶의 용기를 줄 초개인적 목표' 따위가 무슨 필요가 있겠는가? 그들은 대중운동의 호소에 영향 받지 않는다. 안젤리카 발라바노프는 볼셰비키 혁명 초창기 모스크바에서 무리지어 활동했던 유명 급진파들의 혁명 열정에 극빈자들이 미친 영향을 이렇게 묘사한다. "여기에서 나는 어떤 이상을 위해 평생을 바친 남자들과 여자들을 만났다. 그들은 자신의 이상을 실현하기 위하여 물질적 이익과 자유, 행복, 가족 간의 사랑을 자발적으로 포기한—추위와 배고픔 문제에 완전히 매몰된—사람들이었다."[2]

입에 풀칠하기 위해 해뜰 때부터 해질 때까지 노동하는 사람들은 불평불만도, 꿈도 키우지 못한다. 중국의 대중이 반항적이지 않은 한 가지 이유는 죽자 살자 노력해야 간신히 먹고살 수 있기 때문이다. 생존을 위한 사투는 "역동적이기는커녕 정적이다."[3]

22

비참함이 자동적으로 불만을 일으키는 것은 아니며, 불만의 강도와 비참함의 정도가 직결되는 것도 아니다.

불만은 비참함이 견딜 만할 때, 상황이 개선되어 어떤 이상적인 상태에 도달할 수 있을 것처럼 느껴지는 시점에 최고조에 이르는 것으로 보인다. 불평불만은 문제가 시정될 수 있을 것 같을 때 가장 신랄하다. 토크빌은 혁명 전 프랑스 사회를 연구하다가 "1789년 혁명 이후에는 프랑스의 국가적 번영이 1789년 혁명 전 20년 동안보다 더 빠르게 증가된 시기가 단 한 차례도 없었다"[4]는 사실에 깊은 인상을 받았다. 그는 "프랑스인들은 처지가 좋아질수록 더 못 견디겠다고 생각한다"[5]고 결론 내릴 수밖에 없었다. 프랑스와 러시아의 토지 소유욕 강한 농민들은 혁명이 발발할 시점에 전체 농지의 3분의 1가량을 소유했는데, 그 토지의 대부분이 혁명 한 세대 혹은 두 세대 전에 획득한 것이었다.[6] 반항을 자극하는 것은 현실의 고통이 아니라 더 나은 삶의 경험이다. 소련에서는 사람들이 풍족한 삶을 실제로 경험하기 전까지는 민중 봉기가 일어나기 어려울 것이다. 공산당 정치국 체제에 가장 위험한 순간은 러시아 민중의 경제 상황이 크게 개선되고 강고한 전체주의 통치가 어느 정도 완화되는 시기가 될 것이다. 1934년 12월, 스탈린의 가까운 친구 키로프가 스탈린의 1차 5개년 계획이 성공적으로 끝났으며 기쁨 넘치는 새로운 번영기에 들어섰음을 선언한 직후에 암살당했다는 사실은 매우 흥미롭다.

불만의 강도는 열망하는 대상과의 거리와 반비례하는 것으로 보인다. 이는 목표를 향해 갈 때건 목표에서 멀어질 때건 마찬가지다. 약속의 땅이 시야에 들어온 사람들과 가진 것을 빼앗겼으나 여전히 약속의 땅이 시야에 있는 사람들의 경우에도 마찬가지이며, 이제 곧 부자가 되려는 사람들, 자유를 눈앞에 둔 사람들, 최근에 몰락하여 빈민이 된 사람들, 최근에 노예가 된 사람들 모두 마찬가지다.

23

불만은 아무것도 가진 게 없어 조금이라도 원할 때보다는 많은 것을 가졌고 더 많은 것을 원할 때 커진다. 부족한 것이 하나뿐인 것 같을 때보다 많은 것이 부족할 때 불만을 덜 느끼는 법이다.

24

우리는 필수품을 구하기 위해 분투할 때보다 사치품을 구할 때 더 대담해진다. 사치품을 포기했는데 정작 없는 것은 필수품일 때가 많다.

25

기폭제로 작용하는 희망이 있고 인내를 훈련하고 주입하는 희망이 있다. 그 차이는 희망이 눈앞에 있느냐 아니면 멀리 있느냐다.

기세등등한 대중운동은 희망이 눈앞에 있음을 설교한다. 이는 지지자들에게 행동을 고무하기 위한 것으로, 바로 이 '모퉁이 바로 뒤에 있는' 희망이 대중으로 하여금 행동하게 만드는 것이다. 기독교는 세계의 종말과 천국이 임박했음을 설교하며, 무함마드는 신도의 눈앞에 전리품을 흔들었고, 자코뱅당은 자유와 평등의 즉각 실현을 약속했으며, 초기 볼셰비키는 빵과 토지를 약속했고, 히틀러는 베르사유 조약의 속박을 즉각 종식하기 위해 노력하고 행동할 것을 만인 앞에 약속했다. 이

운동이 세력을 얻으면 역점은 미래의 희망—꿈과 미래상—으로 바뀐다. '성공한' 대중운동은 현재의 보존에 몰두하며, 즉발적 행동보다는 복종과 인내를 치하하며 말한다. "우리가 보지 못하는 것을 바라면 참음으로 기다릴지니라."[7]

성공한 모든 대중운동에는 미래의 희망이 있고, 대중의 초조함을 달래고 인생에서 자신의 몫을 감수하게 해줄 마약품이 있다. 스탈린주의는 기존의 종교가 그랬던 것처럼 인민의 아편이었다.[8]

자유를 얻은 빈민

26

노예들은 가난하지만 노예제도가 오랜 기간 널리 뿌리내린 곳에서는 대중운동이 일어날 가능성이 거의 없다. 노예들 간의 절대적 평등과 노예 사회의 유대 깊은 공동체 생활이 개인의 좌절감을 미리 차단하는 것이다. 노예제가 있는 사회에서 말썽을 일으키는 것은 갓 노예가 된 사람들과 해방된 노예들이다. 후자의 경우, 자유의 부담이 불만의 근원이다.

자유는 불만을 완화시키지만 적어도 그만큼 또 악화시킨다. 선택의 자유는 실패의 책임을 전적으로 개인의 몫으로 돌린다. 자유는 다양한 시도를 장려하지만, 그럼으로써 어쩔 수 없이 실패와 좌절의 가능성도 높아진다. 자유는 행동, 운동, 변화, 저항이라는 일시적 완화제를 제공함으로써 불만을 완화한다.

스스로 무언가를 해낼 재능이 없는 한, 자유란 따분하고 번거로운 부담이다. 능력 없는 사람에게 선택의 자유는 있어 무엇하겠는가? 사람들이 대중운동에 가담하는 것은 개인의 책임을 회피하기 위해서, 다시 말하자면, 열렬한 나치 젊은이의 말마따나 "자유로부터 자유롭기 위해서"[9]다. 나치 평당원들이 자신들이 저지른 모든 극악 범죄에 대해 무고하다고 선언한 것도 순전한 허위 주장만은 아니었다. 그들은 자기네가 명령 복종의 의무를 짊어진 것은 중상당하고 속아 넘어갔기 때문이라고 여긴다. 결국 그들은 책임에서 자유롭기 위해서 나치 운동에 가담한 것이 아니던가?

그렇다면 대중운동 전파에 가장 생산적인 기반은 상당한 자유가 있으나 불만의 완화제가 없는 사회가 될 것이다. 18세기 프랑스의 농민들이 독일이나 오스트리아 농민들과는 달리 프랑스 혁명에 호응했던 것도 바로 그들이 농노 지위에서 벗어나 이미 토지를 소유했기 때문이었다. 마찬가지로 러시아의 농민들도 한 세대 혹은 그 이상 자유 신분으로 토지 사유를 경험해보지 못했더라면 볼셰비키 혁명은 없었을 것이다.

27

압제로부터의 자유를 내걸고 일어난 대중운동이라도 굴러가기 시작하면 개인의 자유는 실현하지 못한다. 운동이 지배 체제에 맞서 필사적인 투쟁을 벌이는 상황이거나 안팎의 적으로부터 스스로를 지켜야 하는 상황이라면, 우선의 과제는 단결과 자기희생이 될 것이며, 그러자면 개인의 의지와 판단, 이익은 단념해야 한다. 로베스피에르는 혁명 정부는 "폭정에 맞서는 자유의 독재"[10]라고 말한 바 있다.

중요한 것은 개인의 자유를 등한시하거나 연기하더라도 실제의 대중운동이 열광적인 지지자들의 성향과 어긋나서는 안 된다는 점이다. 광신자들은 학대보다 자유를 더 두려워한다고 르낭은 말한다.[11] 신흥 운동의 지지자들은 교조와 명령을 엄격하게 고수하는 공기 속에 살며 숨쉴지라도 강한 자유 의식을 갖고 있다. 이 자유 의식은 용인할 수 없는 개인 실존에 대한 책임과 공포, 절망감에서 도피한 결과다. 이 도피를 그들은 구원과 해방으로 느끼는 것이다. 그 변화가 엄격한 규율의 틀 속에서 성취한 것일지라도, 거대한 변화를 경험하는 것 또한 자유를 느끼게 해준다. 대중운동이 역동적인 단계를 지나 기성 제도의 양상으로 굳어졌을 때 비로소 개인의 자유가 부상한다. 역동기가 짧을수록 운동이 완결되지 않더라도 운동 과정만으로 개인의 자유가 상승할 수 있다. 대중운동이 전복하고 대체한 체제가 압제적이었을수록 이런 인상은 더욱 두드러질 것이다.

28

인생을 허비하고 망쳤다고 생각하는 사람들은 자유보다 평등과 우애를 더 갈망한다. 그런 사람이 자유를 부르짖는다면, 그것은 평등과 획일성을 세우기 위한 자유일 뿐이다. 평등에 열광하는 것은 어느 정도는 익명성에 열광하는 것이다. 즉, 옷 한 벌을 구성하는 많은 실 가운데한 가닥이 되는 것, 다른 것들과 구분되지 않는 한 가닥이 되고자 하는것이다.[12] 그러면 눈에 띄지 않을 것이며 다른 사람들과 비교되지 않아자신의 열등함도 드러나지 않을 테니.

자유를 큰 소리로 부르짖는 사람일수록 자유로운 사회에서 행복하지 못할 가능성이 크다. 자신의 실패로 좌절하고 억눌린 자들은 현존하는 제약을 실패의 탓으로 돌린다. 실제로 그들 내면 가장 깊은 곳에 있는 욕망은 '만인의 자유'를 종식시키자는 것이다. 그들은 자유로운 사회라면 개인이 쉴 새 없이 받게 되는 자유 경쟁과 가차 없는 실험을 없애고 싶어한다.

29

자유가 현실인 곳에서 평등은 다수 대중의 열망이다. 평등이 현실인 곳에서 자유는 소수의 열정이다.

자유 없는 평등은 평등 없는 자유보다 안정적인 사회 유형을 창출한다.

창조적인 빈민

30

가난에 창조적 능력이 결합하면 보통은 좌절하지 않는다. 이는 자기 분야에서 재주가 빼어난 가난한 장인, 창조력이 뛰어난 가난한 작가와 화가, 과학자도 마찬가지다. 지속적으로 창조할 능력, 곧 자기 손 안에서 나날이 세계가 자라고 성장하는 것을 보는 것만큼 자신감을 떠받쳐주고 자신을 받아들이게 하는 것도 없다. 현대에 수공예가 쇠퇴한 것이 어쩌면 좌절감이 상승하고 대중운동에 호응하는 개인이 증가하게 된 원인일 수도 있다.

개인의 창조적 능력이 서서히 사라지면서 대중운동에 참여하려는 경향이 얼마나 강렬해지는가를 지켜본다면 깊은 인상을 받을 것이다. 여기에서는 무력한 자신으로부터의 도피와 대중운동에 대한 민감한 반응의 연관성이 뚜렷하게 나타난다. 자기 안의 창조적 물줄기가 메말라버린 까닭에 쇠락해가는 작가, 화가, 과학자는 머잖아 열렬한 애국자, 인종주의 선동가, 도덕주의 계몽가, 대의를 내걸고 싸우는 투사의 대오에 가세한다. 어쩌면 성적 무능력자도 같은 충동에 빠지기 쉬울 것이다. (나치 운동에서 창조적 능력의 부재가 어떤 역할을 수행했는가는 111항에서 다룬다.)

똘똘 뭉치는 빈민

31

가난한 사람이라도 유대가 강한 집단—부족, 끈끈한 가족, 밀도 높은 인종 또는 종교 집단—에 속한 사람들은 상대적으로 좌절감을 덜 느끼며 따라서 전향을 권유하는 대중운동의 기세에 좀처럼 영향 받지 않는다. 자신을 자율적인 개인으로 여기지 않는 사람, 즉 자기 인생의 방향은 스스로 정하는 것이며 현재의 상태는 전적으로 자기 책임임을 받아들이지 못하는 사람은 가난을 자기 탓으로 여기지 않는 경향을 보인다. 유대가 강한 집단의 성원은 자율적 개인보다 반항하는 정도가 덜하다. 그 사람의 반항심이 자극을 받으려면 더 많은 비참과 개인적 모욕이 필요하다. 전체주의 사회에서 혁명의 동기가 되는 것은 대개 압제와 고통에 대한 분노보다는 전체주의 체제의 약화다.

중국 사회에서는 가족 간의 유대가 강한 까닭에 오랜 세월 대중운동이 활개를 펴지 못했다. 중국인들은 "유럽인들이 '조국을 위해 목숨 바치는 행동'을 이해할 수 없었는데, 왜냐하면 그 행동으로 그의 가족이 직접 혜택 입기는커녕 오히려 가족 한 사람을 잃음으로써 손해를 볼 테니 말이다." 반면에 "중국인들은 가족에게 큰 보상이 돌아간다고 여겨지면, 선고받은 죄수를 대신하여 처형받으라는 제안을 수락하는 것"은 납득이 갈뿐더러 명예로운 일이라고 생각한다.[13]

전향을 권유하는 대중운동이 엄청난 지지를 얻으려거든 기존 집단 내 유대를 철저하게 무너뜨려야 함은 말할 필요도 없다. 이상적인 잠재 전향자는 누군가와 한데 어울려 자신을 잊으며 실존적 가련함과 무의미함, 초라함을 외면할 소속이 없는, 고립된 사람이다. 가족, 부족, 국가 등에서 공동체적 양식이 붕괴되고 부패한 곳에서는 대중운동이 파고들어가 수확을 거둘 수 있다. 공동체 양식이 잘 지켜지는 곳에서는 대중운동이 이를 공격하여 붕괴시켜야만 한다. 반면에 최근 러시아에서 볼셰비키운동이 가족의 결속을 강조하며 국가나 인종 혹은 종교의 단결을 촉구하는 현상은 그 운동이 역동적 단계를 지나 새로운 양식이 형성되었으며, 즉 이미 얻은 바를 유지하고 보존하는 데 역점을 두는 단계가 되었음을 뜻한다. 공산주의가 아직까지 고전하고 있는 나머지 지역에서는 대중운동이 가족관계를 무너뜨리고 국가와 인종, 종교의 결속을 깨뜨리기 위해 온갖 노력을 기울인다.

32

초창기 대중운동이 가족을 대하는 태도는 상당히 흥미롭다. 우리 시대의 거의 모든 대중운동이 초창기에는 가족을 적대시하고 불신했으며 붕괴시키기 위해 갖은 노력을 다 기울였다. 그러기 위해서 부모의 권위를 훼손하고 이혼을 조장하며 자녀 양육과 교육, 사랑의 의무를 앗아갔으며 사생(私生)을 장려했다. 가족이 북적거리는 비좁은 주택, 망명, 수용소, 테러도 가족의 약화와 붕괴에 이바지했다. 그렇지만 우리 시대의 어떤 대중운동도 초기 기독교만큼 가족에 대한 적개심을 거리낌없이 표출하지는 않았다. 예수는 단도직입적으로 말했다. "내가 온 것은 사람이 그 아비와, 딸이 어미와, 며느리가 시어미와 불화하게 하려 함이니 사람의 원수가 자기 집안 식구리라. 아비나 어미를 나보다 더 사랑하는 자는 내게 합당치 아니하고 아들이나 딸을 나보다 더 사랑하는 자도 내게 합당치 아니하고⋯⋯".[14] 예수는 밖에서 그의 어머니와 동생들이 이야기하고 싶어한다는 말을 듣고 이렇게 말했다. "누가 내 모친이며 내 동생들이냐 하시고 손을 내밀어 제자들을 가리켜 가라사대 나의 모친과 나의 동생들을 보라!"[15] 제자 한 사람이 가서 아버지를 묻으라 말하니 예수는 그에게 말했다. "죽은 자들이 그들의 죽은 자들을 장사하게 하고 너는 나를 따르라."[16] 예수는 자신의 운동이 그 자신의 전도 활동과 적대자들의 광적인 증오로 말미암아 추한 가족 갈등을 일으키리라고 감지했던 듯하다. "장차 형제가 형제를, 아비가 자식을 죽는 데에 내주며 자식들이 부모를 대적하여 죽게 하리라."[17] 형제애를 설파하는 그가 어머니와 아버지, 형제자매, 아내와 자녀 사랑을 부정했다는 것이 이상하지만 사실이다. 형제애를 창도한 중국의 현자 묵자는 당연히 가족을 무엇보다 중시하는 유학자들에게 비난을 받았다. 그들은 겸애 사상이 가족을 해체하고 사회를 파괴할 것이라고 주장했다.[18] '나를 따르라'고 말하는 운동가는 가족 파괴자다. 의식적으로 그가 가족을 적대시하지 않고 그 결속을 약화시킬 의도가 없다 하더라도 마찬가지다. 베르나르두스(1090~1153. 프랑스 시토 수도회 수사로 클레르보 대수도원을 설립했다―옮긴이)는 영향력이 어마어마하여 "그에게 꾀일세라 어머니들은 자식을, 아내들은 남편을 숨겼다고 전해진다. 실제로 그로 인해 파괴된 가정이 너무 많아 버려진 아내들로 수녀원을 세울 정도였다고 한다."[19]

가족이 붕괴하면, 그 원인이 무엇이건 간에, 자동적으로 집단의식이 생겨나고 대중운동의 호소에 귀 기울이게 되는 것이 인지상정이다.

일본의 침략이 중국의 끈끈한 가족 관계를 약화시키고 그로 인해 중국 민중이 민족주의와 공산주의에 적극적으로 호응하는 데 이바지했음은 두말할 여지가 없다. 산업화된 서구에서는 주로 경제적 요인으로 가족관계가 약화되고 붕괴된다. 여성의 경제적 독립은 이혼을 쉽게 만든다. 청년 세대의 경제적 독립은 가부장의 권위를 약화시키며 아울러 가족이 헤어지는 시기를 앞당긴다. 농장과 소도시 인구를 끌어들이는 거대한 산업 중심지는 가족의 유대를 일그러뜨리고 깨뜨린다. 이들 요소는 가족관계를 약화시킴으로써 어느 정도 현대의 집단의식 출현에 기여했다.

제2차 세계대전 동안 히틀러가 벌인 광적인 인구 이동 사업과 인종 절멸이라는 환상적인 업적은 유럽 거의 전역에 걸쳐서 수백만 가정을 박살내고 분쇄했다. 동시에 영미 연합 공습, 유럽 동부와 남부의 독일인 9백만 추방, 독일군 포로 송환 지연으로 독일은 히틀러가 유럽에 행했던 그대로 되돌려받았다. 경제와 정치가 최적의 상황이라고 해도 이리저리 갈리고 찢긴 가족들로 뒤덮인 대륙에서 하나의 정상적인 전통 사회 유형이 자리 잡는 것은 상상하기 힘든 일이다.

33

서구 문명과 접촉한 후진국에서 생겨나는 불만은 거만한 외국인들의 수탈에 대한 원초적 적대감이 아니다. 그보다는 부족의 결속과 공동체 생활이 무너지거나 약해져서 오는 불만이다.

문명이 발달한 서구가 후진국에 제공하는 자력 발전이라는 이상에는 개개인의 좌절이라는 전염병이 따라온다. 서구가 가져다주는 온갖 편의도 하나의 공동체에 속한 익명의 개인으로 누리던 보호와 위안을 효과적으로 대체하지 못한다. 서구화된 원주민은 개인적으로 성공— 부자가 되거나 존경받는 직업을 갖는 등—을 거둔다 해도 행복을 느끼지 못한다. 그는 천애고아가 된 것처럼 느낀다. 식민지 국가들의 민족주의운동은 어느 정도 공동체의 생존을 위한 투쟁이요 서구 개인주의에서 벗어나기 위한 몸부림이다.

서구 식민지 열강은 원주민 사회에 개인의 자유와 독립이라는 선물을 주었다. 그들은 원주민에게 자립을 가르치고자 한다. 이는 결국 개인의 소외로 나아간다. 전인적 공동체의 어리숙하고 서툰 개인을 잘라내어, 호미야코프의 말마따나 "무력한 자신이라는 자유"[20]를 향해 내보내는 것이다. 서구 열강에서건 서구 열강의 식민지에서건 무리로 하나되어 행진하는 군중이 되고자 하는 열망이 뚜렷하게 나타나는 것은 이 보람없고 무의미한 개인적 실존에서 벗어나고자 하는 필사적인 노력의 표출이다. 따라서 현재 아시아에서 일어나는 민족주의운동이—러시아의 영향이 없더라도—민주주의적 사회 형태보다는 집단주의로 나아갈 가능성도 매우 크다.

식민국의 정책은 식민지 원주민들의 공동체적 결속을 북돋우는 것이 되어야 한다. 원주민들의 평등과 형제애를 드높일 수 있어야 한다.

피통치자들이 자기를 버리고 전체에 밀착할 수 있어야만 그들 자신이 보잘것없는 개인이라는 울분을 누그러뜨릴 수 있기 때문이다. 또한 그럼으로써 비탄이 좌절과 반항으로 바뀌는 과정을 원천적으로 제어할 수 있다. '분할 통치'라는 장치가 피지배자들의 결속을 무조건 약화시키는 것을 목표로 삼을 때는 효과를 발휘하지 못한다. 마을 공동체나 부족 또는 국가를 해체하여 그 구성원들을 자율적 개인으로 만드는 것으로는 지배 세력에 대한 반항 의식을 없애거나 억누르지 못한다. 오히려 결속력 높은 조직—인종 조직, 종교 조직 또는 경제 조직—을 양산하여 서로 간에 경쟁하고 의심하게 만드는 것이 효과적인 분할 방식이다.

설사 어떤 식민국이 전적으로 박애적이어서 유일한 목적은 후진 민족의 번영과 발전을 심어주는 것이라고 할지라도 공동체 조직을 보존하고 강화하기 위해 최선을 다하지 않으면 안 된다. 개인에 초점을 맞출 것이 아니라 부족 또는 공동체에 쇄신과 개혁 방침을 주입하여 부족 또는 공동체 사회 전체가 하나되어 진보하도록 해야 한다. 후진 민족의 근대화는 단결된 행동을 제어할 수 있는 강력한 체제 안에서만 성공적으로 이루어질 수 있을 것이다. 일본의 눈부신 근대화는 단결된 행동과 집단의식의 열띤 분위기 속에서 완성되었다.

식민국으로서 소비에트 러시아의 강점은—인종 편견이 없다는 점 이외에도—이미 효과적인 단결 행동 유형이 준비되어 있었다는 것이다. 소련은 모든 기존 집단적 유대를 등한시하고 심지어는 의도적으로 쓸어 없애면서도 개개인의 불만이 종국에는 반역으로 발전할 위험을 무릅쓸 필요가 없었다. 원주민들을 소비에트로 조직하여 누구라도 차디찬 세상에서 홀로 싸우도록 방치하지 않았기 때문이다. 그들은 예전의 씨족이나 부족 사회보다 훨씬 유대감 높은 공동체 조직의 한 사람으로 새 인생을 시작했다.

식민지의 사회 불안을 예방하는 차원에서 공동체적 단결을 장려하는 장치는 산업이 발전한 식민국의 노동소요를 방지하는 데도 활용할 수 있다.

고용주가 노동자들에게 일을 시켜 가능한 모든 것을 취하는 것이 유일한 목적이라면, 그들을 분열시키는 것—노동자들 사이를 이간질하는 것—으로는 원하는 바를 달성하지 못할 것이다. 노동자들이 자기가 어떤 전체의 일부라고 느끼는 것은 고용주에게 이익이 되며, 그 전체에 고용주도 포함된다면 더욱 유리하다. 강한 연대감은, 인종이 되었건 국가가 되었건 종교가 되었건, 두말할 것 없이 노동소요를 방지하는 효과적인 수단이다. 연대의 형태가 고용주를 포함하지 못하는 경우일지라도 노동자의 만족과 효율성 상승에 도움이 된다. 경험이 보여주는 바, 노동자들이 자기 조에 소속감을 느끼고 그 구성원으로 움직일 때 생산성은 최상이 된다. 조원들의 단합을 해치고 분열하는 정책은 무조건 심각한 문제를 일으키게 되어 있다. "노동자 개개인에게 보너스를 지급하는 장려금 제도는 백해무익하다. …… 조장까지 포함하여 조 전체의 작업을 토대로 보너스를 지급하는 집단 장려금 제도가 …… 생산성과 노동자들의 만족도를 훨씬 크게 높일 수 있다."[21]

34

태동기의 대중운동이 지지자를 끌어들이고 지키는 것은 강령과 약속이 강력해서가 아니다. 대중운동이 그들 개인의 불안과 쓸쓸함, 무의미한 존재감에서 피신할 수 있는 안식처가 되기 때문이다. 대중운동이 사무치도록 좌절한 이를 치유하는 것은 절대 진리를 설파하거나 그의 인생을 비참하게 만든 곤경이나 학대로부터 구제해줘서가 아니라, 쓸모없는 자신으로부터 해방시켜주기 때문이다. 또한 유대 깊고 기쁨 충만한 전인적 공동체 안에 그들을 받아들이고 흡수하기 때문이다.

따라서 대중운동이 성공하기 위해서는 말할 것도 없이 초창기에 끈끈한 공동체 조직과 모든 지원자를 받아들이고 융합할 포용력을 키워야 한다. 새로운 운동을 강령의 진실성과 그 약속의 타당성으로 판단해봤자 소용없다. 판단해야 할 것은 그 운동의 조직이 좌절한 이들을 신속히 다 받아들일 수 있느냐다. 많은 운동 조직이 새로운 신조를 앞세워 민중의 헌신을 끌어들이느라 경쟁하는 곳에서는 가장 완벽한 공동체의 틀을 갖춘 곳이 승리한다. 그리스와 로마 세계에서 경쟁하던 모든 종파와 철학파 가운데 기독교 하나만이 처음부터 꽉 짜인 조직을 키워 나갔다. "경쟁 무리들 중에서 교회만큼 강력하고 응집력 높은 조직을 갖춘 곳은 없었다. 그 어떤 곳도 신봉자들에게 서로 굳게 맺어진 공동체 안에 들어온 느낌을 주지 못했다."[22] 볼셰비키운동이 권력 경쟁에서 다른 모든 마르크스주의운동을 월등히 앞서갈 수 있었던 것은 결속력 높은 공동체 조직 덕분이었다. 국가사회주의운동이 1920년대에 싹튼 모든 민간 운동을 이긴 것도 히틀러가 일찍이 신흥 대중운동은 공동체적 결속을 주창하고 장려하지 않고서는 멀리 나아갈 수 없음을 알아차린 덕분이었다. 그는 좌절한 사람들에게 가장 큰 열망은 '소속되는' 것이며, 이 열망을 봉합하고 족쇄 채울 방법은 많지 않다는 것을 알았다.

35

대중운동의 탄생과 전파에 가장 좋은 환경은 한때 결속력 높았던 공동체 조직이 이러저러한 이유로 '붕괴' 위기에 처한 경우다. 기독교가 발생하여 퍼져나가던 시대는 "많은 사람이 뿌리 뽑힌 시기였다. 인구 밀도가 높은 도시 국가들이 부분적으로 병합하여 하나의 거대한 제국이 되었으며 …… 기존의 사회 및 정치 조직은 약해지거나 해체되었다."[23] 기독교는 "뿌리 뽑힌 사람들이 수천 명씩 거주하던" 대도시 지역에서 가장 큰 진전을 보았다. "거기에는 노예도 있었고, 자유민도 있었고, 상인도 있었는데, 그들은 조상 대대로 살아오던 곳에서 강제로 혹은 자발적으로 분리된 사람들이었다."[24] 공동체 형태가 크게 영향 받지 않은 시골 지역은 이 신흥 종교에게 좋은 터전이 되지 못했다. 마을 주민들(다신교도들)과 황무지 거주자들(이교도들)은 오랫동안 전래 제례를 지켰다. 다소 유사한 상황을 19세기 후반 일어난 민족주의와 사회주의 운동에서 볼 수 있다. "이례적인 인구 이동과 도시화가 그 기간 동안 엄청나게 많은 …… 사람들을 조상 대대로 이어내려온 땅에서 쫓아내고 지역 공동체를 파괴했다. 암울한 경제 불안과 심리적 부적응을 경험한 이들은 사회주의나 민족주의 혹은 그 둘 다의 선전과 선동에 아주 쉽게 반응한다."[25]

대개는 한 공동체의 결속이 약해지면 하나의 대중운동이 일어나고 종국에는 결속력 강한 새로운 형태의 조직체가 결성될 조건이 무르익는다. 전역을 휩쓴 기독교 교회의 지배력이 약해질 때 새로운 종교운동이 모습을 드러낼 것이다. H. G. 웰스가 평하길 종교개혁 시대에 사람들은 "교회의 권세가 아니라 약함에 반대했다. …… 교회 안팎에서 일어난 반대 움직임은 종교의 통제로부터 해방이 아니라 더 강력한, 더 많은 통제를 요구하는 운동이었다."[26] 계몽주의의 영향으로 종교적 분위기가 약해질 때 일어나는 운동은 사회주의나 민족주의 혹은 인종주의가 될 것이다. 또 하나의 민족주의운동이기도 했던 프랑스 혁명은 가톨릭 교회와 구체제의 강력한 압제에 대한 반응이 아니었다. 실제 프랑스 혁명은 그들의 무능과 허약함에 반대하는 움직임이었다. 전체주의 사회에서 사람들이 봉기할 때는 체제의 사악함이 아니라 취약함에 항거하는 것이다.

공동체 조직이 강한 곳에서는 대중운동이 발판을 다지기 어렵다. 유대인 공동체의 결속력은, 팔레스타인이 되었건 타국의 거주 구역이 되었건, 기독교가 거의 진척을 보지 못했던 한 가지 이유가 될 것이다. 신전의 파괴는 오히려 공동체의 유대를 더욱 강하게 만들었다. 이전 같으면 신전과 예수살렘에 헌신하던 사람들이 이제 유대교 회당과 유대 민족에 헌신하게 되었다. 기독교가 권세를 얻어 유대인만 게토에 강제 거주시키자 유대 민족의 공동체는 더더욱 강화되었다. 그리하여 의도한 바는 아니었으나 유대교는 오랜 세월 고스란히 살아남을 수 있었다. '계몽주의'의 도래는 유대교와 게토의 담장을 동시에 허물기 시작했다. 욥기와 전도서 시대 이래 처음으로 유대인에게 자신이 험악한 세상에 홀로 선 개인이라는 자각이 생긴 것이다. 거기에 한데 어울려 자신을 잊게 해줄 공동체 집단 따위는 없었다. 유대교 회당과 유대 민족은 시들어 활기를 잃었는데, 2천 년 묵은 전통과 편견 탓에 비유대인 사회에 완전히 융화할 수도 없다. 이리하여 현대의 유대인은 가장 자율적인 개인들의 집단이 되었으며, 그런 유대인들이 좌절을 가장 극심하게 경험한 것도 필연이다. 따라서 현대의 대중운동에 기꺼이 뛰어든 유대인이 많은 것도 새삼스러울 것이 없다. 많은 유대인이 좌절을 완화하기 위한 방책으로 뒷골목 사업이나 이민 같은 길을 찾아나서기도 했다. 물질적 성취나 창조적 작업에 몸 바쳐 노력하여 자신의 가치를 증명하는 유대인들도 있었다. 유대인이 오로지 자기 힘으로 만들어낼 수 있는 하나의 공동체는 가족이며, 이들이 이를 최대한 살린 것은 맞다. 그러나 유럽에서는 히틀러가 이 하나 남은 의지처마저도 포로수용소와 가스실에서 산산이 조각내고 말았다. 따라서 현재 특히 유럽에 거주하는 유대인들은 그 어느 때보다 더 이상적인 잠재 전향자들이다. 유대인 역사상 최악의 암흑기에 시오니즘이 출현하여 공동체 안에 그들을 감싸 안으며 소외의 상처를 치유할 수 있게 된 것은 신의 섭리나 다름없는 듯하다. 유대인에게 이스라엘은 고향과 가족, 회당과 민족, 국가와 혁명 정당, 이 모든 것이 하나로 된, 실로 귀중한 안식처다.

독일의 근래 역사도 공동체의 결속력과 대중운동의 호소력의 관계를 보여주는 흥미로운 사례다. 빌헬름 2세 치하 독일에는 순수한 혁명운동이 일어날 가능성이 전무했다. 독일인들은 중앙집권적인 전제주의 카이저 체제에 만족했으며, 제1차 세계대전의 패배에도 체제에 대한 애정이 흔들리지 않았다. 1918년 혁명으로 공화국이 탄생했으나 국민의 지지를 거의 받지 못하고 피상적인 변화밖에 꾀하지 못했다. 뒤이어 바이마르 헌법을 제정했지만 이때는 대다수 독일인들이 짜증과 좌절감을 맛본 시기였다. 상부의 명령에 따르고 권력자에게 충성하는 것이 익숙한 그들에게 이 느슨하고 불손한 민주적 질서는 혼돈과 무질서일 뿐이었다. 그들은 자기네가 "정치에 참여하고 하나의 정당을 선택하고 정치적 사안을 판단해야 한다"[27]는 것이 충격이었다. 그들은 새롭고 완결한 공동체, 카이저 체제하에 누리던 것보다도 더 획일적이고 포괄적이며 영광에 찬 체제를 갈망했다. 그리고 제3제국은 그 기도에 대한 답 이상의 것을 주었다. 히틀러의 전체주의 체제가 수립된 이래 독일은 대중 항거의 위험에 놓인 적이 단 한 번도 없었다. 모든 책임과 결정이 나치 통치 세력의 어깨에 놓여 있는 한, 민중 속에서 반대의 움직임이 일어날 여지는 없었다. 나치의 규율과 전체주의적 통제가 느슨해졌다면 위험에 이를 수도 있었다. 압제 정권에 대한 토크빌의 말은 모든 전체주의 정권에 적용된다. 위험이 가장 커지는 순간은 개혁을 시작하는 시기, 말하자면 자유주의적 성향이 나타나기 시작할 때라는 것이다.[28]

끝으로 하나 더, 효과적인 공동체 조직은 대중운동의 영향을 받지 않지만 흔들리는 공동체 조직은 대중운동의 발생에 가장 유리한 환경이라는 명제는 우리가 군대로 알고 있는 공동체 조직과 대중운동의 관계에서 찾아볼 수 있다. 강건한 군대가 고스란히 종교운동이나 혁명운동 혹은 민족주의운동을 일으킨 사례는 찾기 힘들다. 그러나 (체계적 해체 절차에 의해서건 사기 저하로 인한 탈영에 의해서건), 붕괴되는 군대는 전향 운동을 퍼뜨리기에 비옥한 토양이다. 군대에서 막 나온 사람은 이상적인 잠재 전향자로, 당대 모든 대중운동의 초기 추종자 중에서 이 유형을 찾을 수 있다. 자유 경쟁의 민간 생활 속에서 그는 홀로 길 잃은 기분이다. 자율적 생활의 책임과 불안정함이 그를 무겁게 짓누른다. 그는 확신, 동지애, 개인의 책임으로부터의 자유, 그리고 경쟁적인 자유 사회와는 달리 무언가를 함께하는 미래를 열망한다. 그리고 이 모든 것을 이제 시작된 대중운동의 형제애와 쇄신적 기강 속에서 구한다.[29]

6

부적응자

36

부적응자들의 좌절은 경우에 따라 강도가 다르다. 첫째, 임시적인 부적응자들이 있다. 삶에서 자기 자리를 찾지 못했으나 아직은 찾으리라는 희망이 있는 경우다. 청소년, 일자리 없는 대학생, 퇴역 군인, 새내기 이민자 같은 사람들이 이 범주에 들어간다. 그들은 불안하고 불만이 많으며 목표를 이루기 전에 생애 최고의 시절을 흘려보낼지 모른다는 두려움에 시달린다. 대중운동의 기세에 호응은 하지만 그렇다고 다 충성스러운 전향자가 되는 것은 아니다. 돌이킬 수 없을 정도로 자기소외된 것은 아니며 인생이 바로잡을 수 없을 만큼 망가졌다고 느끼지 않기 때문이다. 그들에게는 목적과 희망이 있는 자율적인 삶을 꿈꾸는 것이 더 쉽다. 그들은 전진과 성공의 가능성을 보여주는 실낱 같은 기미만 있어도 세계와 자신을 받아들인다.

떠오르는 대중운동에서 퇴역 군인들의 역할은 35항에서 다루었다. 장기전을 치르게 되면 승전국, 패전국 할 것 없이 일련의 사회 불안 시기를 겪는다. 전쟁 중에 격정의 폭발과 폭력을 맛보았기 때문도, 어마어마한 목숨과 부의 무의미한 낭비를 막지 못한 사회 체제에 믿음을 잃어서도 아니다. 그것은 오히려 군에 입대했던 수백만 명이 오랜 기간 일반 시민의 일상을 잃었기 때문이다. 사회로 복귀한 병사들은 전쟁 이전 삶의 리듬을 되찾는 것을 힘들어한다. 평화와 가정에 다시 적응하는 일은 더디고 고통스러우며, 나라 안에는 그런 임시 부적응자들이 넘쳐난다.

이렇듯 체제에는 전쟁에서 평화로 가는 길이 평화에서 전쟁으로 가는 길보다 더 아슬아슬한 듯하다.

37

재능이 없거나 정신적으로 혹은 신체적으로 치료할 수 없는 어떤 결함으로 인해 온몸으로 열망하는 한 가지 일을 하지 못하는, 영구적 부적응자들이 있다. 이들은 다른 분야에서 아무리 대단한 업적을 쌓더라도 성취감을 느끼지 못한다. 그들은 어떤 일을 맡든 열과 성을 다하나 결코 성공하지도 그렇다고 중단하지도 못한다. 이는 우리가 정말로 원하지 않는 것은 아무리 많아도 성에 차지 않음을, 사람은 자신에게서 달아날 때 가장 빨리 그리고 가장 멀리 갈 수 있음을 보여준다.

영구적 부적응자들에게 구원은 오로지 자신에게서 완전히 벗어나는 것뿐인데, 대개는 대중운동의 끈끈한 공동체 안에서 자신을 잊을 때 비로소 얻어진다. 개인의 의지와 판단, 야망을 버리고 자기가 가진 모든 힘을 하나의 영원한 이상을 위해 바침으로써 그들은 끝내 채워지지 않을 저 끝없는 수레바퀴로부터 마침내 헤어나는 것이다.

영구적 부적응자 가운데 가장 돌이킬 수 없이 좌절한—따라서 가장 독을 품은—자는 창조 활동을 향한 열망을 충족시키지 못하는 사람들이다. 글쓰기, 그림, 작곡 따위를 시도했으나 가차없이 실패한 사람들, 신나는 창조성을 맛본 뒤 자기 안의 창조성이 메말랐음을 느끼고 앞으로 절대 다시는 가치 있는 무언가를 생산해내지 못하리라는 것을 깨달은 사람들, 두 부류 모두 절망적인 열정에 사로잡힌다. 부와 명예도, 권력도, 나아가서는 다른 분야에서 쌓은 기념비적인 업적조차도 그들의 갈망을 채워주지 못한다. 온 열정을 다해 어떤 숭고한 대의에 헌신한다고 해서 반드시 치유되는 것은 아니다. 그들의 채워지지 못한 갈망은 없어지지 않으며, 바로 이 사람들이 숭고한 대의를 위해 헌신하는 가장 강경한 과격파가 될 수 있다.[1]

7

이기적인 사람

38

지나치게 이기적인 사람은 특히나 좌절하기 쉽다. 이기적인 사람일수록 뼈저리게 실망한다. 따라서 바로 이 과도하게 이기적인 사람들이 이타적 태도를 가장 설득력 있게 옹호하곤 한다.

이기적인 사람이 스스로의 결함이나 외적 상황에 의해 어쩔 수 없이 자신에 대한 믿음을 잃고서 맹렬한 광신자가 되는 경우는 흔하다. 그들은 이기심이라는 뛰어난 수단을 무능한 자신로부터 분리해내 숭고한 대의를 위한 활동에 결합시킨다. 사랑과 겸손에 대한 믿음을 취할지라도 그들은 사랑에 넘치는 사람도, 겸손한 사람도 되지 못한다.

8

무한한 기회를
눈앞에 둔 야심가

39

무한한 기회는 기회의 부족이나 부재만큼이나 강력한 좌절의 원인이 될 수 있다. 기회가 무한해 보일 때는 당연히 현재를 비난하게 된다. 말하자면 이런 태도다. '내가 하는 일 혹은 할 수 있는 일은 하지 않은 일에 비하면 전부가 하찮은 것뿐이다.' 이것이 호황기에 금광 지대의 숙소를 지배했던 마음가짐 건전한 사람들의 뇌리를 떠나지 않는 좌절감이었다. 그렇기에 금 채굴꾼, 토지 불법 점유자, 그밖에 일확천금을 꿈꾸는 자들의 주된 동기는 무자비한 이기주의로 보이지만 그런 그들이 언제라도 자기를 희생하고 단결된 행동을 취하려 드는 놀라운 현상이 존재하는 것이다. 새로울 것 없는 익숙하고 판에 박힌 생존 방식의 한계가 명확한 환경에서 활동하는 사람들보다는 눈앞에 무한한 기회가 펼쳐져 있는 사람들이 애국심, 인종적 결속, 심지어는 혁명의 선동에 더욱 적극적으로 호응한다.

9

소수자

40

소수자들은 법이나 공권력의 보호를 받는다 해도 지위가 불안정하다. 피할 수 없는 불안감이 낳는 좌절감은 자신의 정체성을 지키고자 하는 소수자보다 주류 집단 속에 흡수·동화되고자 하는 소수자가 더 강하게 느낀다. 자신의 정체성을 지키는 소수자 집단은 의당 결속력 높은 하나의 총체로, 개인들을 품어주고 소속감을 갖게 하며 좌절에도 견딜 힘을 준다. 그러나 주류 집단에 동화되고자 하는 소수자 집단의 개인들은 홀로 편견과 차별에 맞서 싸운다. 그런 개인들은 어렴풋하나마 변절자의 죄의식에도 시달린다. 정통파 유대인들은 해방 유대인〔유럽의 유대인들이 18세기 후반 계몽주의운동의 영향으로 비유대인과 동등한 법적 권리와 시민권 등 제반의 권리를 인정받게 되는 과정을 '유대인 해방'으로 부르는데, 유대인들은 이때 처음으로 비유대 사회에 편입 혹은 이주하기 시작했다—옮긴이)보다 좌절감을 덜 느낀다. 미국 남부의 격리된 흑인은 격리되지 않은 북부의 흑인보다 좌절감을 덜 느낀다.

주류 집단에 흡수·동화되려는 소수자 집단 안에서는 (경제적으로, 문화적으로) 가장 성공한 계층과 가장 밑바닥 계층이 중간층보다 좌절감을 더 크게 느끼곤 한다. 실패자는 자신을 이단아로 느끼며, 주류 속에 섞이고자 하는 소수자 집단의 일원인 경우, 실패는 박탈감을 더 심화시킨다. 경제적으로 혹은 문화적으로 성공한 경우에도 이와 비슷한 감정을 경험한다. 소수자 집단 출신자는 부와 명예를 획득해도 상류 사회에 들어가기 힘든 경우가 종종 발생한다. 그들은 이리하여 자신이 이방인임을 인식한다. 더군다나 자신이 개인적으로는 우수한 인재라는 사실이 입증된 터라 그들을 열등한 존재로 전제하고 있음을 암묵적으로 시인하는 이 흡수·동화 과정에 더욱 분개한다. 이런 연유로 흡수·동화에 열중하는 소수자 집단에서 가장 성공한 사람들과 가장 밑바닥 사람들이 대중운동의 호소에 가장 적극적으로 반응하는 것이다. 이탈리아계 미국인 가운데 가장 성공한 계층과 가장 밑바닥 계층이 무솔리니의 혁명을 가장 열렬하게 추종했다. 아일랜드계 미국인 가운데 가장 성공한 계층과 가장 밑바닥 계층이 데 발레라(1882~1875. 미국 출생. 아일랜드 교사 출신 정치인으로 아일랜드 독립운동에 참여하고 아일랜드 임시정부의 수반, 아일랜드자유국 대통령, 아일랜드공화국 대통령을 역임한 인물―옮긴이)의 호출에 가장 적극적으로 응했다. 가장 성공한 유대인들과 가장 밑바닥 유대인들이 시온주의운동에 가장 열렬히 호응했다. 가장 성공한 흑인들과 가장 밑바닥 흑인들이 인종차별 문제를 가장 절실히 인식했다.

10

권태에 빠진 사람

41

한 사회에서 대중운동의 기회가 무르익었는지 보여주는 척도로, 해소되지 못한 권태의 만연보다 신뢰할 만한 것은 없을 것이다. 어떤 대중운동이 되었건 발생하기 전 단계에는 거의 예외 없이 권태가 만연한 분위기가 감돌며, 대중운동 발생 초기에는 권태로운 사람들이 수탈과 압제에 고통 받는 사람들보다 운동에 더 공감하고 더 적극적인 지지자가 되곤 한다. 대중 봉기를 꾀하는 선동자에게는 사람들이 좀이 쑤실 정도로 지루해한다는 보고가 적어도 경제적 수탈이나 정치적 학대로 대중이 고통 받고 있다는 보고만큼이나 고무적인 신호다.

권태를 느끼는 사람들은 무엇보다 자기 자신에게 권태를 느끼는 것이다. 자신이 시시하고 의미 없는 존재라는 자각은 권태의 주된 원천이다. 자신이 하나의 독립된 개체라는 자각이 없는 사람들에게는 부족이나 교회, 당 등의 결속력 높은 집단에 소속된 사람들과 마찬가지로 권태가 스며들 틈이 없다. 개성이 살아 있는 독립적인 개인은 창조적인 작업이나 열중할 수 있는 직업에 종사하거나 혹은 오로지 생존 문제에 매달려 있을 때 비로소 권태로부터 자유롭다. 쾌락 추구와 유흥은 효과 없는 완화제일 뿐이다. 자율적인 삶을 누리며 형편이 나쁘지 않지만 창조적 작업이나 유익한 활동을 할 능력 또는 기회가 없는 사람들이 인생에 의미와 목적을 부여하기 위하여 어떤 무모하고 기상천외한 수단에 의지할 것인지는 아무도 모르는 일이다.

대중운동의 태동기에 활약하는 독신여성과 중년여성에게서는 거의 예외 없이 권태가 동기로 보고된다. 가정에서 벗어난 여성의 활동을 용인하지 않는 이슬람과 나치 운동의 경우에도 발전 초기에 일정 범주의 여성들이 중요한 역할을 했음을 알 수 있다.

여성에게는 결혼이 대중운동에 참여하는 것과 같다. 인생에 새로운 목적이 생기며, 새로운 미래와 새로운 정체성(새로운 성[姓])이 주어진다. 독신여성이나 결혼에서 더는 행복과 성취감을 느끼지 못하는 여성의 권태는 인생이 시시하고 따분하다는 인식에서 온다. 그들은 숭고한 대의를 받아들이고 그 발전을 위해 자신의 힘과 능력을 쏟아부음으로써 목적과 의미 넘치는 새로운 인생을 추구한다. 히틀러는 "공허한 생활이 싫증 나고 연애 사건에서는 더 이상 '짜릿한 흥분'을 느끼지 못하는, 모험에 목마른 사교계의 귀족 여성들"[1]을 한껏 활용했다. 그는 성공한 사업가의 아내들로부터 남편들이 그를 알기 전에 일찌감치 금전적 후원을 받기 시작했다.[2] 미리엄 비어드는 프랑스 혁명 전에도 사업가들의 권태로운 아내들이 비슷한 역할을 맡았음을 이야기한다. "그들은 권태를 이기지 못하고 우울증 발작에 시달렸으며, 들뜬 마음으로 개혁가들에게 갈채를 보냈다."[3]

42

애국심이 건달들의 마지막 피신처라는 냉소적인 주장은 비난만은 아니다. 광적인 애국심은 종교적 열광이나 광신적 혁명운동과 마찬가지로 죄의식의 피신처 구실을 종종 한다. 이상하게도 피해자와 가해자, 범죄자와 범죄의 희생자가 똑같이 얼룩진 인생의 돌파구를 대중운동에서 찾는다. 후회와 불만은 사람들을 같은 방향으로 달리게 만드는 듯하다.

때로 대중운동은 범죄자의 필요에 맞추어 주문 제작이라도 한 것처럼 보인다. 이때 범죄자의 정신적 카타르시스 해소 공간으로서만이 아니라 성향과 재능을 펼치는 장으로서도 대중운동이 구실을 하는 것 같다. 대중운동은 추종자들에게 죄를 짓고 뉘우치는 범죄자의 심리와 정신 구조를 심어주는 기법을 구사한다.[1] 3부에서 다시 설명하겠지만, 자기희생은 대중운동의 단결과 활기의 원천이요 자기를 바치는 속죄 행위인데, 가슴을 에는 죄의식이 없는 곳에 속죄가 필요치 않은 것은 지당한 이치다. 다른 경우도 마찬가지지만, 여기에서도 대중운동이 노리는 바는 사람들에게 병 주고 그 약으로 대중운동을 내놓는 것이다. "미국의 성직자들은 그 얼마나 고된 일을 짊어졌는가. 죄의식 없는 자들에게 구세주의 복된 소식을 설교해야 하다니."[2] 한 미국인 성직자가 탄식한다. 효과적인 대중운동은 죄의식을 키운다. 독립적인 개인이 보잘것없고 무력하기만 한 것이 아니라 도덕적으로도 저열하다고 가르치는 것이다. 고백과 회개는 개인의 개성과 독립성을 벗겨내는 일이며, 구원은 자신을 잊고 전체와 하나되는 행위 안에 있다.[3]

모든 대중운동은 범죄자들에게 관대하며 그들에게 열렬히 구애한다. 2차 십자군 원정의 영적 선동가였던 베르나르두스는 지원병들에게 이렇게 호소했다. "살인자, 강간자, 간통자, 위증자, 죄 지은 모든 자 따위한테 죄 없는 사람 대하듯 당신을 섬길 것을 권고하셨으니, 이것이야말로 오로지 하느님께 바칠, 값어치를 따질 수 없는 고결한 구원의 기회가 아니고 무엇이겠는가?"[4] 러시아 혁명도 상습범들에게 관대했지만, 이단자들 즉 이념적 '일탈범'한테는 무자비했다. 아마도 숭고한 대의를 받아들인 범죄자들이 생명과 재산 수호라는 지엄한 의무 앞에서 비장하게 각오한 추종자들보다 더 물불 가리지 않고 목숨을 바칠 것이다.

범죄는 어느 정도 대중운동을 대체하곤 한다. 여론과 법의 집행이 엄중하지 않고 빈곤이 절대적이지 않은 곳에서는 불평분자, 부적응자들의 억눌린 고통이 범죄로 새어나온다. (애국운동이건 종교운동이건 혁명운동이건) 대중운동이 승승장구할 때는 일반 범죄가 감소한다는 사실이 밝혀진 바 있다.

3

단결과 자기희생

43

대중운동의 생명력은 지지자들의 단결된 행동과 자기희생에서 나온다. 운동의 성공 여부가 신념, 강령, 선동, 지도력, 냉혹함 등에 달려 있다고 한다면, 이는 오로지 단결의 동기와 자발적인 희생을 고취하는 방법을 일컫는 것이다. 단결과 자기희생을 유도하는 성향을 키우고 연마하고 지속시키는 것이 무엇보다 급선무임을 인식하지 않고서 대중운동의 생태를 이해하기란 불가능한 듯하다. 그런 성향이 키워지는 과정을 알기 위해서는 활발한 대중운동 특유의 태도와 관행에 깔려 있는 내적 법칙을 파악해야 한다. 소수의 예외는 있지만,[1] 모종의 이유로 흔들림 없는 단결과 자발적인 자기희생을 지속적으로 창출하며 유지하고자 하는 집단이나 조직이라면 대개 대중운동의 특성을—저열한 속성과 숭고한 속성을 함께—보인다. 한편 대중운동이 집단적 결속력이 느슨해지고 개인의 이익을 활동의 정당한 동기로 장려하는 국면에 접어들면 다른 유형의 조직과 구별되던 많은 요소를 잃어버리고 만다. 태평성대라면 민주적 국가는 대체로 자유로운 개인들이 연합한 체제로 운영된다. 그러나 국가의 존립을 위협 받아 단결을 꾀하고 국민의 자발적인 자기희생을 강화해야 하는 위기 시에는 거의 예외 없이 어느 정도 대중운동의 성격을 띤다. 종교 조직이나 혁명 조직도 마찬가지다. 이들 조직이 대중운동으로 발전하느냐 아니냐는 그들이 어떤 원칙을 주창하고 어떤 사업을 실행하느냐보다는 단결과 자발적 자기희생에 얼마큼 집중하느냐로 판가름난다.

중요한 것은 처절하게 좌절한 사람들이 단결과 자기희생에 자발적으로 나선다는 사실이다. 따라서 좌절한 사람들의 마음속에서 자발적인 단결과 자기희생이 나타나는 경향을 추적한다면, 단결과 자기희생의 속성과, 치밀한 설득 기술이 관련한 실마리를 어느 정도 얻을 수 있을 것이다. 무엇이 좌절한 사람들을 괴롭히는가? 바로 자신이 돌이킬 수 없이 망가졌다는 자각이다. 그들의 가장 큰 욕망은 그런 자신에게서 달아나는 것이다. 그리고 바로 이 욕망이 단결과 자기희생 성향으로 드러난다. 쓸모없는 자신에 대한 강한 혐오와 그 감정을 잊고 위장하고 벗어던지고 없애버리고자 하는 욕구가 기꺼이 자기를 희생하고자 하는 의지를 낳으며 결속력 높은 집단 속에서 자기를 잊고자 하는 의지를 낳는다. 게다가 이런 자기도피에는 서로 무관해 보이는 가지각색의 태도와 욕구가 같이 나타나게 마련인데, 깊이 들여다보면 바로 이런 태도와 욕구가 단결과 자기희생 과정에 필수 요인임이 확인된다. 다시 말해서 좌절감은 단결과 자발적 자기희생 욕구를 일으킬 뿐만 아니라 그 욕구를 실현시키는 기제까지 만들어낸다. 현실을 비하하는 기질, 몽상에 빠지는 습성, 습관적인 증오심, 남 하는 대로 따라하려는 경향, 현혹되기 쉬운 경향, 불가능한 것을 시도하려는 경향을 비롯하여 극심한 좌절에 빠진 사람들의 마음을 어지럽히는 다양한 현상은, 앞으로 보게 되겠지만, 단결의 동인이자 무모함을 부추기는 배후다.

44~103항에서는 단결 행동과 자기희생 경향을 고취하기 위해서 대중운동이 (인식하고 있건 아니건) 좌절한 사람들에게 자기도피를 유도하고 장려하며 자발적인 자기도피에 수반되는 다양한 태도와 욕구를 일으키고 기르는 데 온힘을 기울인다는 사실을 설명할 것이다. 짧게 말하면 대중운동의 기술은 본질적으로 좌절한 사람들의 심리 고유의 경향과 대응 방식을 고취하고 도야하는 기술이다.

독자들 사이에 3부의 설명을 두고 논란이 있으리라고 본다. 과장이

심하며 간과한 요소가 많다고 느낄지도 모른다. 그러나 이 책은 권위 있는 교과서가 아니라 나 개인의 생각을 담은 것으로, 불완전한 사실이라도 새로운 접근법을 찾아내기 위한 실마리가 되거나 새로운 의제를 설정하는 데 도움이 될 것 같으면 애써 피하지 않았다. "하나의 원리를 설명하자면 과장도 생략도 많이 할 수밖에 없다"고 월터 배젓이 말하지 않았던가.

단결과 자기희생 능력은 거의 붙어 다니는 듯하다. 어떤 집단이 유독 죽음을 업신여긴다면, 그곳은 대개 결속력이 높으며 흔들림 없이 일치단결하는 집단이라는 결론이 타당할 것이다.[2] 역으로, 결속력 높은 집단의 구성원에게서는 죽음을 업신여기는 경향을 쉽게 발견할 수 있다. 단결과 자기희생에는 자기 축소가 요구된다. 개인이 응집력 높은 전체의 일부가 되기 위해서는 먼저 많은 것을 버려야 한다. 사생활, 개인의 견해, 때로는 개인의 재산까지 포기해야 한다. 따라서 단결된 행동을 가르치기 위해서는 극기할 수 있는 훈련이 필요하다. 그런가 하면 자기희생을 행하는 사람은 자기와 타인을 구분 짓던 단단한 껍질을 깨고 집단과 동화한다. 따라서 모든 단결의 동인은 자기희생을 부추기는 배후요, 역으로도 그러하다. 그럼에도 이 장에서는 편의상 이 두 요소를 분리해서 다룰 것이다. 그러나 이들 각 요소의 이중 기능에 대해서는 항상 염두에 둘 것이다.

여기에서 44~63항의 골자를 간단히 소개하는 것이 좋겠다.

목숨 걸고 싸울 각오를 키우기 위해서는 개인이 자신과 육신을 분리하게끔 해야 한다. 다시 말해 진정한 자신으로 살아가도록 내버려두지 않는 것이다. 이를 이루기 위한 방법은 다음 항에서 다루었다. 개인을 결속력 높은 집단에 철저히 동화시킨다: 44~46항. 개인에게 어떤 가공의 자아를 부여한다: 47항. 개인에게 현재를 비하하는 태도를 심어주며 아직 실현되지 않은 무언가를 내걸어 거기에 몰두하게 만든다: 48~55항. 그와 현실 사이에 사실이 뚫고 들어오지 못하게 차단막(강령)을 세운다: 56~59항. 열정을 주입함으로써 개인과 진정한 자기 사이에 안정된 균형을 이룰 수 없게 만든다(광신): 60~63항.

자기희생을
촉진하는 요인

집단과 자신을 동일시하는 경향

44

사람이 자기를 희생할 수 있으려면 개인의 정체성과 개성을 벗어던져야 한다. 그는 더 이상 조지나 한스, 이반 또는 다다오—생과 사에 매인 인간 원자—로 존재해서는 안 된다. 이 목표를 달성하기 위한 가장 근본적인 방법은 개인을 하나의 집단에 철두철미하게 동화시키는 것이다. 완전히 동화된 개인은 자신과 타인을 개인적 존재로 여기지 않는다. 그에게 누구인가 묻는다면 자동적으로 답할 것이다. 나는 독일인이다, 러시아인이다, 일본인이다, 기독교인이다, 이슬람교인이다 …… 혹은 어느 부족 혹은 아무개 집안 사람이다. 그는 자신이 속한 집단과 떨어져서는 어떤 목적도, 가치도, 운명도 없으며 그 집단이 존속하는 한 결코 죽을 수 없는 존재다.

소속감이 전혀 없는 사람에게는 그저 사는 것만이 중요한 문제다. 영원한 공허의 세계에서는 현생이 유일한 현실이며, 그는 염치도 없이 필사적으로 생에 매달린다. 도스토옙스키가 『죄와 벌』(2부 4장)에서 이런 심리 상태를 묘사했다. 학생인 라스콜리니코프는 정신착란 상태에서 상트페테르부르크의 거리를 헤맨다. 그는 며칠 전에 도끼로 두 노파를 살해했다. 그는 자신이 인류로부터 잘려나갔다고 느낀다. 건초 시장 부근의 홍등가를 지나면서 그는 생각에 잠긴다. "사람이 아찔한 바위 끝, 발 디딜 공간밖에는 없는 그렇게 비좁은 틈에서 살아가야 한다면, 바다와 영원한 어둠, 영원한 고독, 영원한 폭풍우에 휩싸여 살아가야 한다면, 만약 한 평밖에 안 되는 공간에서 평생을, 천 년을, 영원을 살아가야 한다면, 그래도 그렇게 사는 것이 당장 죽는 것보다 나아! 살아야 해, 살아야 해, 오로지 살아야 해! 그게 어떤 인생이 되었건!"

개인에게서 독립성을 제거하는 일은 철저해야 한다. 개인은 아무리 사소한 행동 하나라도 일련의 의례를 통하여 집단이나 부족, 당 따위에 따르지 않으면 안 된다. 개인의 기쁨과 슬픔, 자부심과 자신감은 자기 자신의 전망과 능력이 아닌 집단의 운과 역량에서 샘솟는 것이어야 한다. 무엇보다도 개인은 절대로 혼자라고 느끼면 안 된다. 무인도에 홀로 떨어지더라도 여전히 집단의 보살핌을 받고 있다고 느껴야만 한다. 집단에게 버려진다는 것은 생명이 잘려나가는 것이나 마찬가지다.

이는 확실히 존재의 원시적 단계이며, 가장 완벽한 표본은 원시부족에서 찾을 수 있다. 대중운동은 이 완벽한 원시적 상태에 가까워지기 위해 애쓰며, 당대 대중운동의 반개인주의적 경향에서 우리가 원시시대로 역행하는 듯한 인상을 받는다고 해도 망상이 아니다.

45

억압에 저항하는 정신은 어느 정도 개인이 자신을 한 집단과 동일시하는 심리에서 온다. 나치 수용소에서 가장 꿋꿋이 버틴 사람은 스스로를 강고한 당(공산주의자들)이라든지 교회(사제와 목사), 유대가 긴밀한 국가의 일원으로 여기는 이들이었다. 개인주의자들은 국적과 무관하게 무너졌다. 그중에서도 서유럽의 유대인들이 가장 무방비 상태였던 것으로 드러났다. 그들은 (강제수용소 안에서조차) 비유대인들에게 경멸당하고 유대인 공동체와의 끈끈한 결연마저 없이 자신에게 가해지는 고통을 홀로 견뎌야 했다. 인류 전체로부터 버림받은 것이다. 사람들은 이제서야 중세의 게토가 유대인들에게는 감옥이 아니라 요새

였음을 깨닫는다. 게토가 유대인들에게 부여한 극도의 결속감과 '우리는 남다르다'는 의식이 없었다면 그들은 폭력과 학대가 만연했던 저 암흑의 세기를 아무리 불굴의 정신으로 무장한들 견디기 힘들었을 것이다. 중세가 회귀했던 우리 시대 10년 동안, 그들은 옛날의 그 방벽이 없어진 유대인들을 붙잡아 으스러뜨렸다.

　개인이 고문 혹은 죽음에 직면했을 때는 자기 개인의 능력에 의지할 수 없다는 결론을 피할 수 없는 듯하다. 그에게 유일한 힘의 원천은 본연의 자신을 추스르는 것보다는 강력하고 영광스러우며 파괴되지 않을 무언가의 일부가 되는 것이다. 여기서 믿음은 기본적으로 동일시 과정, 개인이 본연의 자신에서 영구불멸하는 무언가의 일부가 되는 과정이다. 인류에 대한 믿음, 후세에 대한 믿음, 종교나 국가, 인종, 당 혹은 가족의 운명에 대한 믿음 따위가 그것이다. 죽음을 눈앞에 둔 우리가 영원불멸의 무언가를 눈에 그리지 않는다면 무엇에 자신을 의탁할 수 있겠는가?

　오늘날 전체주의 정권의 지도자들이 이 극단적인 정신력의 원천을 알아낸다면, 그것을 지지자들의 정신을 무장할 때만이 아니라 반대자들의 정신력을 와해시키는 데도 사용하리라는 생각에 머리가 아찔할 지경이다. 스탈린은 옛 볼셰비키 지도자들을 숙청할 때 그들이 평생을 헌신했던 당과 러시아 대중과 자신을 동일시할 일체의 가능성을 박탈함으로써, 그 자부심 넘치고 용감하던 사람들을 비굴한 겁쟁이로 만드는 데 성공했다. 이들 옛 볼셰비키 지도자들은 러시아 이외의 인류 사회는 잘라낸 지 오래였다. 그들은 자본주의적인 인류 사회가 만들었던 과거, 그리고 여전히 그렇게 이어질 수 있는 역사를 한없이 경멸했다. 그들은 신도 폐기했다. 신성 러시아와 공산당—이 둘 다 지금은 완전히, 되찾을 수 없이, 스탈린의 손 안에 들어갔다—이라는 테두리를 벗어나서는 과거도 미래도, 기억도 영광도 있을 수 없었다. 그런데 국가와 당, 둘 다를 이제는 완전히, 되찾을 수 없이, 스탈린이 장악했다. 부하린의 말을 빌리면, 그들은 "삶의 정수를 이루는 모든 것으로부터 고립되었다"고 느꼈다. 그리하여 그들은 참회했다. 충성스러운 지지자들 앞에 무릎 꿇음으로써 그들은 고립에서 탈출했다. 그들은 대중 앞에서 어마어마하게 극악무도한 범죄를 저지른 자신을 고발하고 깎아내리는 자아비판을 통해 기존의 정파를 쇄신하고 불멸의 전체라는 정파에 대한 소속감을 되살려냈다.

스탈린의 비밀경찰 앞에서 움츠리고 설설 기었던 바로 그 러시아인들이 나치 침략군 앞에서는—혼자로서건 집단과 함께건—타의 추종을 불허하는 용기를 보여주었다. 그들이 이렇게 대조적인 행동을 보인 이유는 스탈린의 경찰이 히틀러의 군대보다 무자비했기 때문이 아니라 스탈린의 경찰 앞에서는 일개 개인이었던 반면에 독일군을 대면했을 때는 그 스스로 영광스러운 역사와 그보다 더 영광스러운 미래가 있는, 어떤 강한 민족의 일원으로 느꼈기 때문이다.

유대인의 경우도 비슷한데, 유럽의 유대인들이 보여준 행동으로 팔레스타인 유대인들의 행동을 미루어 짐작해서는 안 될 일이었다. 팔레스타인을 위임통치하던 영국 식민성(省)의 정책은 논리적으로는 타당했으나 통찰이 부족했다. 그들은 히틀러가 6백만 유대인을 심각한 저항 없이 멸할 수 있었으니 팔레스타인의 유대인 60만 정도는 그다지 어렵지 않게 다룰 수 있을 것이라고 판단했다. 하지만 팔레스타인 유대인들은 아무리 갓 모여든 집단이었어도 무서운 상대였다. 그들은 물불을 가리지 않았고 완강했으며 지략이 넘쳤다. 유럽의 유대인들은 영원한 공허 속에 떠다니는 티끌 한 점 같은 고립된 개인으로 적과 맞서야 했다. 팔레스타인에서 그들은 일개 인간 원자가 아닌, 기억할 가치 없는 과거는 뒤로 하고 이제 숨막히는 미래가 앞에 놓인, 불멸하는 민족의 일원이 된 존재들이다.

46

크레믈린의 이론가들은 러시아 대중의 복종을 유지하기 위해서는 그들이 러시아 이외의 어떤 집단에서도 정체성을 찾을 여지를 주어서는 안 된다는 점을 알고 있었던 듯하다. 철의 장막은 아마도 첩자나 파괴 활동자의 침투를 막으려는 것보다는 러시아 민중을 (생각에서조차) 외부 세계와 접촉하지 못하게 하려는 의도가 더 컸을 것이다. 그것은 물리적인 장막이자 심리적인 장막이다. (외국인과 결혼한 러시아 시민권자조차) 이주 기회를 완전히 차단당하는 러시아인들의 생각 속에서는 러시아 밖에 인류 사회가 존재한다는 인식이 흐려진다. 사람들은 차라리 다른 행성으로 달아나기를 꿈꾸고 희망하게 될 것이다. 심리적 장벽도 마찬가지로 중요하다. 크레믈린은 러시아인들에게 신성한 러시아의 국경선 너머에는 가치있고 영원한 것이나 찬양하고 존경할 만한 것 혹은 자신과 동일시할 만한 것이라곤 아무것도 없다는 인상을 심어주기 위한 노골적인 선전 작업에 여념이 없다.

연극성

47

죽음과 죽임이 어떤 의례나 의식, 연극 공연이나 놀이의 일부일 때는 쉽게 느껴진다. 죽음 앞에서 위축되지 않기 위해서는 가상의 장치 같은 것이 필요하다. 현실을 살아가는 불완전한 우리에게 이 세상이나 저세상에 자기 목숨과 바꿔도 될 것은 없다. 오직 자신을 무대 위의 (따라서 실제가 아닌 가상의) 배우로 여길 때 죽음은 공포와 최후라는 의미를 잃고 가상의 행위, 하나의 연극적 몸짓이 된다. 추종자들에게 죽음과 죽임이라는 엄연한 현실을 어떤 숭고한 장면, 엄숙한 혹은 유쾌한 연극 공연에 참여하는 것처럼 느끼게 만들 환상을 심어주는 것이 대중운동의 지도자가 해야 할 주요 임무 중 하나다.

히틀러는 8백만 독일인에게 의상을 입혀 그들을 한 편의 장엄하고 영웅적인 유혈 가극의 배우로 만들었다. 간이 변소를 세우는 일조차 모종의 자기희생이 따르는 러시아에서 개인들의 삶은 지난 30년 전부터 계속되었으며 아직도 끝나지 않은, 영혼을 휘젓는 한 판의 드라마였다. 런던 시민들이 포탄 공습에 영웅적으로 대처할 수 있었던 것은 처칠이 그들에게 영웅 역을 주었기 때문이다. 그들은 선조와 동시대인에서 후대까지 이어지는 거대한 관객 앞에서 불타는 세계 도시를 조명 삼고 총소리와 포성을 배경음 삼아 영웅 역을 연기했다. 개인주의가 널리 퍼진 우리 시대에 연극적 주문(呪文)과 불꽃놀이 없이 자기희생이 널리 펼쳐질 수 있을지는 의문이다. 따라서 현재 잉글랜드의 노동당 정부가 사회주의화 계획을 어떻게 실현할지는 알기 어렵다. 사회주의 영국이라는 계획이 볼거리 없는 칙칙한 무대를 배경으로 영국인 모두에게 어느 정도의 자기희생을 요구하게 될 것이 분명하기 때문이다. 대다수 영국 사회주의 정치가들에게 연극적 능력이 부족하다는 사실은 정직성과 지

적 성실함의 지표이나, 그들에게 필생의 목표인 국유화 실험에는 약점으로 작용한다.[1]

죽음과 죽임이라는 무시무시한 상황에서 빠질 수 없는 연극적 요소는 특히 군대의 경우에 명백하다. 군대의 제복, 깃발, 기장, 행진, 음악, 복잡한 예법, 제식 등은 군인들이 자신을 하나의 인격체로 인식하지 못하게 하고, 생과 사를 넘나드는 불가항력적 현실을 가리기 위해서 만들어진 것이다. 그래서 전쟁을 논할 때 전장(theatre of war), 전투 무대(battle scenes)라고들 말한다. 전투가 벌어지면 군 지휘자들은 한결같이 병사들에게 전 세계의 이목이 귀군들에게 집중돼 있다, 조국 선열들이 제군을 지켜보고 있다, 우리의 후손이 제군의 이야기를 듣게 될 것이다, 같은 말로 사기를 북돋운다. 위대한 장군이라면 연설로 경천동지할 줄 안다.

영광은 하나의 연극적 개념으로 볼 수 있다. 청중을 뚜렷이 의식하지 않는다면 영광을 위해 싸울 일도 없다. 우리의 막대한 위업이 동시대인 혹은 "장차 태어날 이들"의 귀에 들어갈 것이라는 믿음이 없다면 말이다. 우리는 우리의 영웅적 행위로써 타인의 견해와 상상 속에서 불멸의 존재로 남기 위해 실제하고 유한한 자신을 기꺼이 희생하고자 한다.

대중운동에서 연극적 요소는 다른 어떤 요인보다 더 지속적인 힘을 발휘한다. 설득 혹은 제압의 신념과 권능이 없어져도 연극성은 좀처럼 사라지지 않는다. 대중운동의 행렬과 행진, 의식, 전례 등의 행사는 의심할 바 없이 대중의 가슴에 어떤 공명을 일으킨다. 아무리 냉정한 사람이라도 대중이 운집한 장관에는 넋을 잃게 마련이다. 참여자와 관중 모두 흥분하며 몰입한다. 군중의 기세와 장관에는 자기 삶에 만족하는 사람보다 좌절한 사람이 더 강렬하게 반응할 수 있다. 불만족스러운 자기로부터 벗어나고자 하는 욕망 혹은 그런 자기를 숨기고자 하는 욕망은 좌절한 자들 내면에서 무언가를 가장하며 과시하는 능력, 자기를 주저 없이 웅장한 군중과 일체가 되도록 하는 의지로 발전한다.

현 실 비 하

48

태동기의 대중운동은 현재를 위해 과거와 싸우는 듯하다. 대중운동은 기득권자와 특권층을 노쇠하고 타락한 과거가 순결한 현재를 갉아먹는 것으로 본다. 그러나 과거의 억압을 풀어헤치기 위해서는 극도의 단결력과 무조건적 자기희생이 필요하다. 이는 곧 과거를 공격하기 위해 모인 사람들이 현재를 해방하기 위해서는 온 열정을 다해서 현재를 즐기거나 물려줄 여하한 기회도 기꺼이 포기하지 않으면 안 된다는 뜻이다. 이 전제가 부조리하다는 점은 명약관화하다. 그렇기에 대중운동이 시작되면 불가피한 전환이 강조된다. 현재―본래의 목표―는 무대에서 밀려나고 후대―미래―가 그 자리를 차지한다. 설상가상으로 현재가 마치 불결한 것인 양 혐오스러운 과거와 도매금으로 취급당한다. 이제 전선은 현재와 과거 대 아직 오지 않은 미래가 된다.

목숨을 잃는 것은 현재를 잃는 것일 뿐이며, 두말할 것도 없이, 더럽고 가치 없는 현재를 잃는 것은 많이 잃는 것이 아니다.

대중운동은 현재를 비열하고 비참한 것으로 그릴 뿐만 아니라 의도적으로 그렇게 만든다. 울적하고 고단하고 억압적이고 생기 없는 개인의 삶이라는 원형을 빚어내는 것이다. 행복과 안락을 헐뜯고 엄격한 생활을 찬미한다. 일상의 즐거움은 하찮은 것, 심지어는 파렴치한 것으로 바라보며, 개인의 행복 추구는 부도덕한 것으로 그린다. 인생을 즐기는 것은 적, 다름 아닌 현재와 교제하는 것이다. 대부분의 대중운동이 금욕적 이상을 설교하는 가장 큰 목적은 현재에 대한 경멸심을 키우기 위해서다. 개인의 욕망을 반대하는 것은 현재에 들러붙어서 끈질기게 떨어지지 않는 촉수를 무너뜨리기 위한 것이다. 이 기쁨 없는 개인의 인생이 다채롭고 극적인 집단 농장을 배경으로 흘러갈 때 그 무가치함은 더욱 두드러진다.

대중운동이 설정한 많은 목표가 실현 불가능하다는 사실 자체가 현재를 비하하는 운동의 일부가 된다. 현실적이고 그럴듯하며 가능한 모든 것은 현재의 일부다. 현실적인 무언가를 제시하면 현재에 대한 희망이 높아지며 현재에 만족하게 된다. 기적에 대한 믿음도 현재에 대한 저항과 거부를 담고 있다. "그리고 묻히신 분이 부활하셨으니, 그것은 불가능하기에 확실하다"는 테르툴리아누스의 말은 현재를 경멸한 것이다. 끝으로 대중운동의 신비주의도 현재를 비하하는 수단이다. 현재를 우리가 보지 못하는 미지의 세계가 퇴색하고 일그러진 반영으로 본다. 현재는 하나의 그림자요 환영일 뿐이다.

49

더 나은 미래에 대한 희망을 보장하지 않고 순수하게 현재만 비하할 수는 없다. 왜냐하면 우리가 현재의 저열함을 아무리 한탄한들 미래의 전망이 현재보다 더한 퇴보이거나 변함없는 현재의 연속이라면, 현재의 삶이 아무리 고달프고 보잘것없더라도 하는 수 없이 감내하는 쪽으로 돌아서기 때문이다.

모든 대중운동은 현재를 영광스러운 미래를 위한 혹독한 준비단계이자 천년왕국의 문턱에 깔린 흙털개로 묘사하면서 비하한다. 종교운동에 현재는 유랑지요 천국으로 이어지는 눈물의 골짜기이며, 혁명운동에 현재는 유토피아로 가는 길의 고달픈 간이역이고, 민족운동에 현재는 최후의 승리를 앞두고 벌어지는 저열한 한 장면이다.

물론 어떤 영광의 미래를 선명하게 마음에 그릴 때 생겨나는 희망은 용기와 자기 망각의 가장 강력한 원천—현재 비하에 내포된 것보다 더 강력한 원천—이다. 대중운동은 지지자들의 감성과 이성을 미래에 집중시켜야 하며, 기득권층과 특권층에 맞서 사투를 벌이는 단계가 아닐 때조차 그래야 한다. 서로 나누고 협력하는 행위에 담긴 자기희생은 희망 없이는 불가능하다. 우리에게 있는 것이 오늘뿐이라면, 우리는 손에 넣을 수 있는 모든 것을 움켜쥐고 놓지 않을 것이며 공허의 바다에 표류하면서 참혹한 난파선 파편 한 조각을 생명수라도 되는 듯 매달릴 것이다. 그러나 도너 일행(Donner Party. 1840년대 미국 황금광시대 서부개척자 87명의 무리. 약 1년 동안 악천후와 조난, 식량부족이라는 극한 상황 속에서 다수의 시체가 생존자의 식량이 된 서부개척시대의 가장 비극적 사건—옮긴이)이 희망이 부풀었을 때의 행동과, 이후 희망이 사라졌을 때의 행동은 협력과 공동체 정신이 희망에 달려 있음을 보여준다. 희망이 없는 사람들은 분열되어 필사적인 이기주의로 치닫는다. 희망이 결합되지 않는 한, 함께 고통을 겪는 것 자체로는 단결도 서로 베푸는 정신도 일으키지 못한다. 이집트에 노예로 끌려간 유대인들은 "노역으로 피폐해진 나머지" 걸핏하면 말다툼하고 서로 헐뜯는 패거리였다. 모세는 약속의 땅이라는 희망을 주고 나서야 그들을 하나로 모을 수 있었다. 부 헨발트 강제수용소의 절망에 빠진 3만 유대인한테서는 단결된 행동도, 자기희생의 각오도 일어나지 않았다. 그 안에 넘치는 탐욕과 무자비한 이기심은 탐욕과 타락에 빠질 대로 빠진 자유 사회보다도 심했다. "그 들은 어떻게 하면 서로를 도울 수 있을지 궁리하기는커녕 온갖 꾀를 동 원해서 서로 괴롭히고 찍어누르기에 바빴다."[2]

50

과거를 영광된 것으로 그리는 것은 현재를 왜소하게 만드는 방법이 될 수 있다. 그러나 미래에 대한 낙관적인 기대가 없는 한 과장된 과거 관은 조심스러운 태도를 낳을 뿐 대중운동에 앞뒤 재지 않고 뛰어들게 만들지는 못한다. 그런가 하면 현재를 영광된 과거와 영광된 미래의 연 결고리로만 여기는 것만큼 현재의 잠재력을 위축시키는 것도 없다. 따 라서 대중운동이 초기에는 과거에 등을 돌릴지라도 종국에는 영광스 러운 과거, 흔히는 허울 좋은 과거상을 추구하게 된다. 종교운동은 천 지창조의 날로 돌아가고 혁명운동은 인류에게 자유와 평등, 독립을 누 리던 황금 시대를 말하며 민족운동은 과거 위대했던 시절에 대한 기억 을 되살리거나 날조한다. 이러한 과거 천착은 운동의 적법성과 구질서 의 위법성을 보여주기 위한 의지에서 나올 뿐만 아니라 현재가 단지 과

거와 미래의 막간극임을 보여주고자 하는 욕망에서 비롯된다.[3]

역사 인식은 연속성을 자각하게 만들기도 한다. 뚜렷한 과거상과 뚜렷한 미래상을 지닌 맹신자는 스스로를 과거로 미래로 무한히 뻗어나가는 무언가의 일부로 바라본다. 맹신자가 현재(와 자기 인생까지)를 내려놓을 수 있는 것은 그것이 보잘것없기 때문만이 아니라 그것이 모든 것의 시작과 끝이 아니기 때문이다. 게다가 과거와 미래에 대한 선명한 인식은 현재에서 현실감을 앗아간다. 그런 인식은 현재를 어떤 행렬이나 행진의 한 부분으로 느껴지게 만든다. 대중운동의 추종자들은 둥둥 울리는 북소리와 펄럭이는 깃발에 발맞추어 행진하는 자신의 모습을 본다. 그들은 거대한 관중—지난 세대들, 앞으로 태어날 세대들—앞에서 공연되는, 영혼을 휘젓는 한 판 연극의 참여자다. 그들은 자신을 진정한 자기 존재가 아닌 하나의 역을 연기하는 배우로 느끼며, 그들의 행위는 진짜 행동이 아닌 하나의 '공연'이 되는 것이다. 그들에게는 죽음도 지어낸 몸짓이자 행위다.

51

현재를 비하하는 태도는 예견 능력을 키워준다. 적응에 능한 사람들이 예언에는 형편없다. 반면에 현재와 불화하는 사람들에게는 변화의 씨앗과 작은 시작의 잠재력을 찾아내는 안목이 있다.

쾌적한 생활은 근본적 변화의 가능성을 보지 못하게 만든다. 우리는 우리가 상식, 실용적 관점이라고 부르는 것에 매달린다. 아닌 게 아니라, 이는 현재 상태에 이골이 날 만큼 익숙한 태도를 일컫는 이름일 뿐이다. 쾌적하고 안전한 생활이 얼마나 확고한지, 현재의 상태와 다른 현실이 설사 일촉즉발의 상황이라 해도 막연하고 비현실적으로 느껴지는 것이다. 이렇듯 혼란이 일어났을 때 정작 정신을 차리지 못하고 존재하지 않는 것에 매달리며 몽상가처럼 구는 것은 이 현실적인 사람들이다.

반면에 현재를 거부하고 오로지 앞으로 일어날 일에만 촉각을 곤두세우는 사람들에게는 다가오는 위험의 싹이나 시기가 무르익었을 때 자신에게 유리한 점 따위를 간파할 능력이 있다. 따라서 좌절한 개인과 맹신자가 현상유지를 바랄 이유가 있는 사람들보다 뛰어난 예언자가 된다. "미래가 요구하는 해결의 실마리는 영혼이 섬세한 사람들보다는 광신자가 쥐고 있는 경우가 더 많다."[4]

52

여기서 보수주의자, 자유주의자, 회의주의자, 급진주의자, 수구주의자가 현재와 미래, 과거를 바라보는 태도를 비교하는 것이 흥미로울 듯하다.

보수주의자는 현재가 더 좋아질 것이라고 생각하지 않아 미래를 현재의 모습대로 만들고자 한다. 그들이 과거로 돌아가는 것은 현재에 대해 안심하기 위해서다. "내가 원하는 것은 연속성이요, 우리가 당대에 저지르는 실책이 인간 고유의 본성이요, 새로 일어나는 일시적 광풍은 매우 오래된 이단적 현상이며 소중한 것이 위협받는 것은 과거라고 해서 덜하지 않았다는 확신이다."[5] 실로 회의주의자들은 얼마나 보수주의와 닮았는가! "무엇을 가리켜 이르기를 보라 이것이 새것이라 할 수 있으랴. 우리가 있기 오래 전 세대들에도 이미 있었느니라."[6] 회의주의자에게 현재는 지금까지 있었던 것과 앞으로 있을 모든 것의 총합이다. "이미 있던 것이 후에 다시 있겠고 이미 한 일을 후에 다시 할지라 태양 아래 새로운 것은 없나니."[7] 자유주의자들은 현재를 과거의 적자요 더 나은 미래를 향해 끊임없이 성장하고 발전하는 것으로 보는즉, 현재를 못 쓰게 만드는 것은 미래를 불구로 만드는 것이다. 세 성향 모두 현재를 소중히 여기며, 예상할 수 있듯이, 자기를 희생한다는 생각을 기꺼이 받아들이려 하지 않는다. 이들이 자기희생을 대하는 태도는 회의주의자가 가장 잘 보여준다. "산 개가 죽은 사자보다 나음이니라. 무릇 산 자는 죽을 줄을 알되 죽은 자는 아무것도 모르며 …… 해 아래서 행하는 모든 일에 저희가 다시는 영영히 분복이 없느니라."[8]

　　급진주의자와 수구주의자는 현재를 혐오한다. 그들이 보는 현재는 일탈이요 기형이다. 둘 다 언제든 앞뒤 재지 않고 무자비하게 행동에 나설 준비가 되어 있으며, 둘 다 자기를 기꺼이 희생하려 한다. 차이는 어디에 있는가? 첫째로는 인간의 순응성에 대한 입장이다. 급진주의는 인간의 본성이 무궁무진하게 완전해질 수 있다고 굳게 믿는다. 환경을 바꾸고 정신을 배양하는 방법을 개선한다면 비길 데 없이 전혀 새로운 사회를 건설할 수 있다는 생각이다. 수구주의는 인간에게 무한한 잠재력이 있다고 믿지 않는다. 건강하고 안정된 사회를 건설하려면 과거에 검증된 모델을 본따야 한다고 믿는다. 그들이 보는 미래는 완전히 새로운 혁신이라기보다는 영광스러운 과거의 복구다.

현실에서는 급진주의와 수구주의가 매사에 뚜렷하게 구분되지 않는다. 수구주의는 그들이 이상으로 떠받드는 과거를 재현하고자 할 때 급진적인 양상을 보인다. 그들이 칭송하는 과거는 실제로 그랬던 것이라기보다는 그들이 바라는 미래의 모습에 더 가깝다. 이는 재건이 아니라 오히려 혁신이다. 급진주의의 경우에도 새로운 세계를 건설하려 할 때 어느 정도는 이와 비슷한 변모가 나타난다. 그들에게 필요한 것은 실행 가능한 본보기이며, 현재를 거부하고 파괴해버린 까닭에 하는 수 없이 새로운 세계에 과거의 것을 접목해야 한다. 새로운 세계 건설에 폭력을 동원해야 한다면, 인간에 대한 생각이 부정적으로 변하면서 수구주의자들과 비슷한 사고를 갖게 된다.

수구주의와 급진주의가 뒤섞이는 현상은 특히 민족주의의 부흥에
서 뚜렷이 나타났다. 인도의 간디 추종자들, 팔레스타인의 시온주의자
들은 과거의 영광을 되살리는 동시에 전무후무한 유토피아를 건설하
고자 했다. 선지자들에게도 수구주의와 급진주의가 혼재한다. 그들은
태초의 믿음으로 돌아갈 것을 설교하면서 신세계, 거듭난 삶을 내다보
았다.

53

대중운동의 현재를 비하하는 태도가 좌절한 사람들의 성향을 강화
하는 것은 분명하다. 좌절한 사람들은 현재에 관해서라면 좋은 것까지
도 깡그리 헐뜯곤 한다. 놀라운 것은 그 사람들이 그렇게 하면서 엄청
나게 즐거워한다는 사실이다. 불만을 표출하는 것만으로는 그런 즐거
움을 누릴 수 없다. 거기에는 틀림없이 그 이상의 무언가가 있을 것이
다. 아니, 있다. 이 시대가 얼마나 저열하고 천박한지 장황하게 떠듦으
로써 패배감과 소외감을 달래는 것이다. 그들의 이야기는 이런 것이다.
'우리 인생만 엉망이 아니다. 이 시대에는 아무리 행복하고 성공해봤자
다 하찮고 허튼 인생이다.' 좌절한 사람들은 이렇듯 현재를 비하함으로
써 막연하게 평등 의식을 얻는다.

대중운동이 현재를 불쾌한 것으로 만들기 위해 사용하는 수단(48

항) 또한 좌절한 사람들의 심금을 울린다. 그들이 욕구를 극복하는 데 필요한 자제력은 자신이 강하다는 환상을 심어준다. 그들은 자신을 다스림으로써 세계를 다스린다고 느낀다. 대중운동이 벅찬 것, 불가능한 것을 옹호하는 것도 좌절한 사람들의 구미에 맞는다. 평범한 일상에서 실패하는 사람들은 불가능한 것을 추구하는 경향을 보인다. 그것은 자신의 부족함을 위장하는 장치다. 가능한 것을 시도하다 실패한다면 순전히 자기 잘못이지만, 불가능한 것을 시도하다 실패하면 그 임무가 막대한 탓으로 돌릴 수 있기 때문이다. 불가능한 것을 시도하는 편이 가능한 것을 시도할 때보다 신뢰를 잃을 위험이 적다. 그렇기에 평범한 일상에서의 실패가 종종 과도한 담대함을 낳기도 한다.

좌절한 사람들은 대중운동이 추구하는 목적에서 얻는 것 못지않게 그 운동이 사용하는 수단에서도 만족감을 얻는다는 인상을 준다. 성공을 거둔 운 좋은 사람들이 쇠락과 혼돈을 경험할 때 좌절한 사람들이 느끼는 기쁨은 자신들이 지상낙원의 기반을 닦고 있다는 무아지경의 깨달음에서 오는 것이 아니다. '모 아니면 도'라는 광적인 외침 속에서는 어쩌면 최선보다는 차선을 향한 열망이 더 간절하게 울려퍼지는 듯하다.

"아직 오지 않은 것"

54

자기희생을 조장하는 요인들을 살펴보면 사람들이 가진 것을 지키기 위해서보다는 갖고자 하는 것 혹은 되고자 하는 것을 위해서 죽음을 각오하는 경우가 더 많다는 한 가지 법칙이 나온다. '지키기 위해 싸울 가치가 있는 무언가'를 이미 가진 자들은 싸우고 싶어하지 않는다는 사실은 당황스럽고 못마땅한 진실이다. 유복하고 만족스러운 삶을 사는 사람들은 대개 자기 이익을 위해서도, 국가를 위해서도, 숭고한 대의를 위해서도 목숨을 걸지 않는다.[9] 자기를 아낌없이 바치게 만드는 것은 소유가 아니라 갈망이다.

"없는 것들"이 "있는 것들"[10]보다 강력한 법이다. 인류는 동서고금을 막론하고 아직껏 건설되지 않은 아름다운 도시, 아직껏 가꿔지지 않은 정원을 위해서 싸울 때 가장 필사적이었다. 사탄은 단도직입적으로 말했다. "사람이란 제 목숨 하나 건지기 위해 내놓지 못할 것이 없는 법입니다."[11] 그렇다. 내놓지 못할 것이 없다. 그러나 아직껏 갖지 못한 것을 포기할 바에는 차라리 죽음을 택할 것이다.

아닌 게 아니라 이상한 일은 현재를 받아들이며 거기에 전력을 다해 매달리는 사람들이 정작 현재를 지킬 역량은 가장 딸린다는 점이다.

반면에 현재를 경멸하고 손을 떼려는 사람들은 요구하지도 않은 부와 재능을 원 없이 누리는 것이 현실이다.

꿈과 상상, 무모한 희망은 강력한 무기이자 현실적인 도구다. 진정한 지도자의 현실 감각은 이러한 도구의 현실적 가치를 알아보는 능력에서 온다. 이 능력은 보통 현실을 경멸하는 태도에서 나오는데, 거기에는 현실에 서툰 본성이 작용한다. 성공한 사업가가 공동체의 지도자로는 실패하는 일이 많은 이유는 머리는 "있는 것들"에, 가슴은 '자기 시대'에 성취할 수 있는 것에 맞추어져 있기 때문이다. 실무 세계의 실패는 공직에서 성공을 거두기 위한 자격인 모양이다. 그러니 어쩌면 이 자부심 넘치는 자들 가운데 현실 세계에서 좌절했을 때 무너지기는커녕 자신이 공동체와 국가의 운명을 이끌 걸출한 능력이 있는 인물이라는 어처구니없는 확신에 불타는 사람이 있다는 것이 다행인지도 모르겠다.

55

사람이 배지나 깃발, 말 한마디나 입장, 혹은 어떤 신화 같은 것에 기꺼이 목숨을 거는 일이 아주 터무니없는 것은 아니다. 오히려 물질적으로 소유할 가치가 있는 것에 목숨을 건다는 것이 온당치 못하다. 사람의 생명이 진짜 중에서도 가장 진짜인데, 생명 없이는 소유할 가치가 있는 것을 가진다는 것이 불가능하기 때문이다. 자기희생은 물질적 이익의 추구가 될 수 없다. 누군가의 손에 죽지 않기 위해서 목숨 걸고 싸울 경우라 해도 투지는 자기의 이익보다는 전통과 명예 (혹은 약속), 그리고 무엇보다도 희망을 지키고자 할 때 더 타오르는 법이다. 희망이 없으면 사람들은 도망치거나 아니면 싸우지 않고 죽음을 맞이한다. 망연히 삶에 매달릴 따름이다. 그렇지 않고서 수백만 유럽인이 죽음에 이를 것을 뻔히 알고도 시키는 대로 죽음의 수용소와 가스실로 들어간 것을 무슨 수로 설명하겠는가?

상대에게서 (적어도 유럽 대륙에서는) 희망을 깡그리 없앨 줄 알았던 것은 히틀러의 무시무시한 힘이었다. 자기가 천 년을 이어갈 새 질서를 건설하고 있다는 히틀러의 광적인 신념은 추종자와 적대자를 가리지 않고 전달되었다. 추종자로서는 제3제국을 위해 싸움으로써 영원과 동맹을 맺은 기분이었고, 적대자에게는 히틀러의 새 체제에 맞서 싸운다는 것이 불변의 운명에 대드는 것 같은 느낌이었다.

흥미로운 사실은 유럽에서 히틀러의 말살에 순순히 따랐던 그 유대인들이 팔레스타인으로 이주했을 때는 죽기 살기로 싸웠다는 것이다. 그들이 팔레스타인에서 싸운 것은 다른 여지가 없었기 때문이라고들 한다. 싸우지 않았다가는 아랍인들에게 목숨을 내줄 상황이었다면서. 그러나 기꺼이 자기희생을 각오하게 만든 것은 절망감이 아니라 오로지 과거의 조국과 과거의 민족을 되찾으리라는 열망이었다. 그들은 그야말로 아직 건설되지 않은 도시, 아직 가꿔지지 않은 정원을 위해 싸우고 목숨을 바쳤다.

강령

56

자기희생의 각오는 삶이라는 현실에 흔들리지 않을 수 있느냐 여부에 달려 있다. 자신의 경험과 사고에서 스스로 결론을 이끌어낼 수 있는 사람은 대개 순교를 좋게 여기지 않는다. 자기희생은 비이성적인 행동으로, 면밀한 탐구와 숙고의 결과물이 되지 못한다. 따라서 모든 실천적인 대중운동은 추종자들과 현실 세계 사이에 사실이 뚫고 들어오지 못할 망을 세우기 위해 노력한다. 이를 위하여 대중운동은 궁극의 절대 진리가 강령 안에 포함돼 있으며 강령 이외에는 어떤 진리도 확실성도 없음을 주장한다. 맹신자가 결론의 근거로 삼는 사실들은 자신의 경험이나 사고가 아니라 '경전'에서 나온 것이라야 한다. "복음이 계시한 세계에 너무나 완고히 매달린다면 하늘의 천사가 모두 내려와 다른 것을 말하려 해도 단 한 마디도 의심할 마음이 들지 않을 뿐만 아니라 눈 감고 귀 막을 것이니, 그에게는 그것이 볼 가치도 들을 가치도 없기 때문이다."[12] 의식과 이성의 근거에 의존하는 것은 이단이요 대역죄다. 믿음을 가능한 것으로 만들기 위해서 얼마나 많은 불신이 필요한지 경악스러울 정도다. 맹신은 무수한 불신을 통해 검증된다. 브라질에 거주하던 광신적 일본인들은 오랫동안 일본이 패전했다는 증거를 받아들이지 않았다. 광신적인 공산주의자들은 러시아에 불리한 보도나 증거를 일체 믿지 않을 것이며 약속의 땅 소비에트 안에서 벌어지는 잔혹한 참상을 직접 보고도 환상에서 깨어나지 않을 것이다.

보거나 들을 가치가 없는 사실에 '눈 감고 귀 막는' 능력이야말로 맹신자들이 지닌 불굴의 결단력과 충성심의 원천이다. 그들은 위험이 닥쳐도 겁내지 않고 장애에 기죽지 않으며 반박에 당황하지 않는다. 그런 것의 존재 자체를 부정하기 때문이다. 믿음의 힘은 베르그송이 지적했듯이 산을 옮기는 이적으로 나타나는 것이 아니라 산이 움직이는 것을 보지 않는 것으로 나타난다.[13] 자신이 따르는 강령이 절대로 틀림없다는 확신이 맹신자들로 하여금 불확실성, 뜻밖의 상황, 주변 세계의 불편한 현실에도 꿈쩍하지 않게 해주는 것이다.

이렇듯 강령의 효과는 그것이 표방하는 진리의 심오함이나 숭고함이나 정당성이 아니라, 개인을 자신과 세계의 본모습으로부터 얼마나 철저히 격리시키는가로 판명난다. 효과적인 종교에 대한 파스칼의 말은 어떤 효과적인 강령에도 그대로 적용된다. 그것은 "본성에, 상식과 쾌락에 반하는 것"[14]일 수밖에 없다.

57

강령은 어떤 의미를 지녔는가가 아니라 얼마큼 확신을 주느냐에 따라 효력을 발휘한다. 아무리 심오하고 숭고한 강령일지언정 오직 하나뿐인 진리로 구현되지 않는 한 힘을 발휘하지 못한다. 그것은 만물에 통하며 만물을 설명할 수 있는 한 마디의 말이어야 한다.[15] 앞뒤 안 맞는 소리가 되었건 하나 마나 한 헛소리가 되었건 숭고한 진리가 되었건, 오직 하나뿐인 영구불변의 진리로 받아들인다면 기꺼이 자기희생을 감행하게 만들 위력을 발휘한다.

그렇기에 강령이 효력을 발휘하려면 이해시키기보다는 오히려 굳게 믿게 만들어야 한다. 우리가 절대적으로 확신할 수 있는 것은 이해하지 못하는 것뿐이다. 머리로 이해한 강령은 그 위력이 삭감되게 마련이다. 무언가를 이해하면, 그것은 마치 우리 안에서 시작된 것처럼 느껴지기 마련이다. 자신을 포기하고 희생할 것을 요구받은 사람들은 자신 안에서 시작된 어떤 것에 대해서도 영구불변의 확신을 갖기가 힘들다. 무언가를 이해하게 되면 어김없이 그것의 효력과 확실성은 약해진다.

믿음이 두터운 자들은 절대적 진리란 머리가 아니라 가슴으로 찾아야 하는 것이라고 느낀다. "신의 존재를 의식하는 것은 가슴이지, 이성이 아니다."[16] 루돌프 헤스는 1934년 나치당 앞에 맹세하면서 청중에게 훈계했다. "아돌프 히틀러를 머리로 찾지 마시오. 뜨거운 심장을 가진 이만이 그분을 찾을 것이오."[17] 대중운동이 강령에 대한 설명을 붙이면서 사람들에게 이해시키려고 노력한다면, 그 운동의 활기찬 시기는 끝나고 안정을 중시하는 시기에 돌입했다는 뜻이다. 뒤(106항)에서 밝히겠지만, 체제가 안정되려면 지식인들의 충성이 필요한데, 강령을 이해시키는 일은 대중의 자기희생을 촉구하기 위해서라기보다는 지식인들의 동조를 얻기 위해 하는 것이다.

강령은 난해하지 못하다면 모호하기라도 해야 하며, 난해하지도 모호하지도 않다면 증명할 수 없는 것이어야 한다. 천국에서나 아주 머나먼 미래에 강령이 옳았는지가 판명되어야 하는 것이다. 강령의 어떤 부분이 상대적으로 단순하면, 믿는 자들이 복잡하고 분명하지 않게 만드는 경향이 있다. 단순한 말은 풍부한 의미를 담게 되며 어떤 암호문의 상징처럼 보이게 된다. 이리하여 맹신자는 교양 넘치는 사람일지라도 문맹 같은 분위기를 풍긴다. 맹신자는 말의 참 의미를 모르는 사람처럼 말을 사용하는 듯하다. 말을 얼버무리고, 궤변을 늘어놓는 경향, 학문적으로 부정직한 태도도 여기에서 나온다.

58

절대적 진리를 소유한다는 것은 영구불변한 세계의 본질에 정통하다는 뜻이다. 놀랄 일도 미지의 것도 없다. 모든 물음에는 이미 답이 나왔으며, 모든 결정은 내려졌고, 모든 최후가 예견되었다. 맹신자는 의문을 품지 않으며 망설이지 않는다. "그리스도를 아는 자, 만물의 이유를 안다."[18] 진정한 강령은 세계 모든 문제의 실마리다. 그것만 있으면 세계를 산산조각 냈다가도 하나로 꿰어맞출 수 있다. 공식 공산당사는 진술한다. "마르크스-레닌주의의 힘은 그것이 당으로 하여금 어떤 상황에서든 올바른 방향을 찾고 현재 벌어지는 사건들의 내적 연관성을 이해하고 그 전개 과정을 예견하며 현재 어떤 방향으로 어떻게 전개되느냐만이 아니라 미래에 어떤 방향으로 나아가게 되어 있는가까지 간파하게 해준다는 점이다".[19] 맹신자가 전례 없으며 불가능한 일을 감행할 수 있는 것은 강령이 그에게 자신이 전능하다는 믿음을 줄 뿐만 아니라 미래에 대한 무조건적인 확신까지 주기 때문이다. (4항을 보라.)

활발한 대중운동은 현재를 거부하고 오로지 미래만을 바라보게 만든다. 대중운동의 힘은 바로 이러한 태도에서 나온다. 이 같은 태도가 현재를 (추종자들에게 자신의 건강과 부와 목숨까지 걸고) 무모하게 돌파하게 만들어주는 것이다. 그러나 대중운동은 미래라는 책의 마지막 장까지 읽은 듯이 굴지 않으면 안 된다. 그리고 강령이 그 책의 핵심임을 천명한다.

59

좌절한 사람들이 그렇지 않은 사람들보다 더 쉽게 세뇌되는가? 그들이 더 잘 속는가? 파스칼은 "사람은 자신을 증오할 때 경전을 따르려는 의지가 더 강해진다"[20]고 생각했다. 자기에 대한 불만과 너무 쉽게 믿는 경향에는 어떤 연관성이 있는 듯하다. 자신의 참모습으로부터 도피하고자 하는 욕구는 이치에 맞는 것과 분명한 것에서 도피하고자 하는 욕구이기도 하다. 우리 자신을 있는 모습 그대로 보지 않으려는 태도에서 사실과 냉철한 논리를 싫어하는 경향이 생겨난다. 현실과 가능한 것에서 좌절한 이들에게는 희망이 없다. 그들에게 구원은 오로지 기적으로부터 올 뿐이며, 그 기적은 가차없는 현실이라는 철옹성의 갈라진 틈에서 스며나온다. 그들은 기꺼이 기만당한다. 슈트레제만이 독일인에 대해 한 말은 좌절한 사람들에게도 보편적으로 적용된다. "〔그들은〕 일용할 양식을 내려달라고 기도할 뿐만 아니라 일용할 환상을 내려달라고도 기도한다."[21] 대체로 어려움 없이 스스로를 기만하는 사람들이 남에게도 쉽게 기만당하는 듯하다. 그들은 쉽게 설득당하며 쉽게 휘둘린다.

너무 쉽게 믿는 경향의 특이한 점은 사기 치는 경향과 결합하는 경우가 많다는 것이다. 잘 믿는 사람이 거짓말도 잘한다는 속성은 어린이 한테서만 나타나는 성질이 아니다. 사실을 있는 그대로 보지 못하는 혹은 보지 않으려는 태도는 남의 말에 잘 속는 순진한 기질과 야바위 기질을 동시에 조장한다.

광신

60

1항에서 강렬하고 급작스러운 변화를 실현하는 데 대중운동이 필수불가결한 요소인 경우가 많음을 설명했다. 심지어 정체된 사회 개혁 같은 실용적이고 바람직한 변화를 실현하는 데도 열광적 분위기가 필요하며 불가피하게 활기찬 대중운동의 온갖 결함과 어리석음이 따라온다는 얘기가 이상하게 들릴지도 모르겠다. 그러나 활기찬 대중운동의 급선무가 그 성원들에게 단결된 행동과 자기희생 능력을 주입하는 것이요, 이 능력은 개개인의 개성과 주체성을 박탈하여 혼자서는 판단도 결심도 하지 못하는 보잘것없는 익명의 존재로 만들 때 획득되는 것임을 깨닫는다면, 놀라움은 줄어들 것이다. 그 결과로 얻는 것은 두려움과 흔들림 없이 추종할 뿐만 아니라 상대 뜻대로 좌지우지될 수 있는 획일화된 대중이다. 따라서 강렬하고 급작스러운 변화를 실현하기 위해 없어서는 안 될, 이 쉽게 휘둘리는 속성은 획일화와 자기희생 의지를 주입하는 과정에서 만들어지는 부산물이다.

중요한 사항은, 대중이 쉽게 영향받는 속성과 전향 의지의 전제 조건인 자기소외가 거의 예외 없이 열광적인 분위기 속에서 발생한다는 점이다. 열정을 휘젓는 것이 사람의 내면에 자리잡은 평정심을 뒤엎는 효과적인 수단일뿐만 아니라, 그렇게 평정심이 뒤엎이는 과정에서 피치 못하게 발생하는 결과물이기도 하다. 열정은 자기소외가 전혀 감성적이지 않은 수단에 의해서 야기되는 경우에도 발생한다. 자신과 화해한 자만이 세계에 대해 공정한 태도를 유지할 수 있다. 자신과의 조화가 깨지고, 자기로부터 거부당하고 자포자기하고 자기를 불신하거나 망각하는 순간, 그 사람은 고반응성 물질이 된다. 불안정한 화학원소 모양으로 손에 잡히는 아무것하고라도 결합하려 드는 것이다. 그는 초연할 수도 평정을 유지할 수도 스스로 만족할 수도 없어 어떤 것에든 전심전력으로 매달리지 않고서는 견디지 못한다.

동조자들의 마음속에 격한 열정이 타오르도록 불 지피고 부채질함으로써 대중운동은 내면에 평정이 자리잡지 못하도록 막는다. 대중운동은 또한 자기소외를 견딜 수 있게 해줄 직접적인 수단을 사용한다. 그들은 자율적이고 스스로에게 만족하는 사람을 무기력하고 목표가 없을 뿐만 아니라 타락한데다 사악하기까지 한 존재로 그린다. 혼자 힘으로 살아가는 사람이 의지할 곳 없이 비참하게 죄 많은 인생을 사는 존재가 되는 것이다. 그 사람에게 유일한 구원은 자기를 거부하고 교회나 국가 또는 정당과 같은 어떤 신성한 조직의 품 안에서 새 인생을 찾는 것뿐이다. 그런 다음에는 이러한 자기부정이 열정을 최고 상태로 유지시킨다.

61

광신자는 언제까지나 불완전하며 불안할 수밖에 없는 존재다. 그는 스스로에게 거부당한 자신만으로는 자신감을 일으키지 못하며 무엇이 되었건 오로지 자신이 신봉하게 된 그 무언가, 그 기둥에 열정적으로 매달릴 때에만 자신감을 얻는다. 이렇게 열렬하게 매달리는 심리가 그의 맹목적 헌신과 믿음의 본질이며, 그는 그 안에서 모든 힘과 미덕의 원천을 만난다. 그 한결같은 헌신은 자기 목숨까지도 건다는 뜻이지만, 그가 보는 자신은 그 숭고한 대의를 지지하고 옹호하는 사람일 뿐이다. 그리고 그는 자신과 남들에게 그 사명이 자신의 역할임을 보여주기 위해서 언제든 자기 목숨을 기꺼이 희생한다. 그는 자기 생명을 희생함으로써 자신의 가치를 증명하는 것이다.

광신자는 두말할 여지 없이 자신이 지지하는 대의가 영원히 그 하나뿐—만세반석—이라고 믿는다. 그럼에도 그의 자신감은 자신이 지지하는 대의가 훌륭해서가 아니라 열정적으로 매달리는 행위에서 나온다. 광신자는 사실 원칙을 고수하는 사람은 아니다. 그가 어떤 대의를 신봉하는 것은 그것이 신성하며 정의로워서가 아니라 자기가 열정적으로 매달릴 무언가가 필요하기 때문이다. 실로 광신자는 무언가에 열정적으로 매달려야 하는 까닭에 자신이 받아들이는 모든 대의가 전부 숭고한 대의가 되어버리곤 한다.

광신자는 그의 논리나 도덕 의식을 자극해봐야 그 대의에서 벗어나지 못한다. 그는 타협을 두려워하며, 자신이 신봉하는 숭고한 대의의 중요성과 정당함을 입증할 필요를 느끼지 못한다. 그러나 그는 아무런 갈등 없이 갑자기 열광적으로 다른 대의로 갈아타기도 한다. 그에게 설득이란 없으며, 가능한 것은 오로지 전향 혹은 개종뿐이다. 그에게 중요한 것은 자신이 신봉하는 대의가 얼마나 숭고한 것이냐가 아니라 자신이 얼마나 열정적으로 매달릴 수 있느냐다.

62

온갖 유형의 광신자들은 상반되는 입장에 서 있는 것처럼 보여도 사실은 전부 한쪽 끝에 몰려 있다. 극과 극이어서 절대로 만나지 못하는 이들은 광신적 부류와 온건한 부류다. 다양한 경향의 광신자들은 서로에 대해 경계 태세를 늦추지 않으며 언제든 상대방의 목을 조를 준비가 되어 있다. 그러나 그들은 이웃사촌이요 한가족에 가깝다. 그들의 증오는 근친증오다. 그들은 사울과 바울만큼이나 가까우면서도 먼 사이다. 광신적 공산주의자는 냉정한 자유주의자가 되기보다는 광신적 애국주의자로 전향하거나 광신적 가톨릭 신도로 개종하는 경우가 더 많다.[22]

광신적 신자의 반대는 광신적 무신론자가 아니라 신이 있건 말건 개의치 않고 점잖게 냉소하는 사람이다. 무신론자는 종교적인 사람이다. 무신론자는 무신론을 하나의 종교로 믿는다.[23] 그는 무신론을 종교인 같은 독실함과 열의로써 받드는 사람이다. 르낭에 따르면 "세계가 더 이상 신을 믿지 않게 된 다음날이면 무신론자들이 가장 비참한 처지가 될 것이다."[24] 마찬가지로, 맹목적 애국주의자의 반대도 반역자가 아니라 현재를 사랑하며 순교나 영웅 행각에는 관심 없는 이성적인 시민이다. 반역자는 (급진주의자가 되었건 수구주의자가 되었건) 대개 자신이 싫어하는 세계의 몰락을 앞당기기 위해 적진으로 넘어가는 광신자다. 제2차 세계대전의 반역자 대부분은 극우파에서 나왔다. "폭력적이고 극단적인 민족주의와 반역은 종이 한 장 차이인 듯하다."[25]

수구주의와 급진주의의 유사성은 52항에서 다루었다. 히틀러 10년을 살아낸 우리 모두는 자유주의나 보수주의 어느 쪽하고 비교해도 반동주의와 급진주의가 닮은 점이 더 많다는 것을 안다.

63

신봉하던 대의를 내버리는 광신자나 돌연 대의 없이 남겨진 사람이 자주적인 개인으로 살아가야 하는 상황에 적응할 수 있을지는 의심스럽다. 그는 지나가는 아무 영구불멸의 대의더러 태워달라고 엄지를 들어올리는, 세계라는 고속도로의 집 없는 히치하이커로 살아갈 것이다. 그에게 개인으로서 산다는 것은 목적이 있을 때조차 시시하고 하찮고 죄 많은 인생으로 느껴진다. 어떤 열렬한 헌신 없이 살아간다는 것은 자포자기하여 표류하는 인생이다. 그는 인내를 허약함과 불성실함, 무지함의 증표로 여긴다. 그는 철두철미하게 자신을 내던지는—하나의 신조와 하나의 대의에 전심전력하여 매달리는—행위에서 비롯되는 심오한 확신을 갈망한다. 중요한 것은 대의의 내용이 아니라 하나의 조직에 대한 헌신과 소속감이다. 그는 심지어 자신이 전에 신봉했던 대의에 반하는 대의에도 기꺼이 동참하려 하지만, 그러기 위해서는 그것이 진정한 의미의—오직 하나뿐인 진리를 단호하게 비타협적으로 만천하에 알리는—숭고한 대의라야 한다.

그렇기에 수백만 명에 이르는 패전국 독일과 일본의 전(前) 광신자들은 민주적 삶의 방식에 대한 교육보다는 공산주의와 호전적인 가톨릭 교회의 설교에 더 크게 호응한다. 이들 사이에서 공산당 선전선동이 더 크게 성공한 것은 공산당의 기교가 더 우월해서라기보다는 그들이 독일과 일본의 광신적 애국주의자였다는 특수한 성향 때문이다. 민주주의를 전파하는 사람들은 전심전력으로 매달려야 할 숭고한 대의도, 자기를 잊고 몰두할 총체적 집단도 제시하지 않는다. 러시아 공산당은 일본의 전쟁 포로들을 손쉽게 광신적 공산당원으로 바꿔놓았지만, 미국의 선전선동은 아무리 정교하고 완벽할지언정 그들을 자유를 사랑하는 민주주의자로 변신시키지 못했다.

대중운동과 군대

64

자기희생이라는 주제를 마치기에 앞서, 대중운동과 군대의 닮은 점과 다른 점—35항과 47항에서 이미 나왔던 사항—을 살펴보는 것이 좋겠다.

닮은 점은 많다. 대중운동과 군대 둘 다 집단 조직이며, 둘 다 개인의 개별 행동과 개성을 금지하며, 둘 다 자기희생과 무조건적인 복종, 흔들림 없는 충성을 요구하며, 둘 다 용감하고 일치단결한 행동을 조장하기 위해 연극적 장치를 과도하게 동원하며(47항을 보라), 둘 다 자주적 삶을 견디지 못하는 좌절한 사람들을 위한 피신처가 되어준다. 외인부대 같은 군대 조직은 새로운 대중운동으로 몰려갈 유형의 많은 사람들을 끌어들인다. 징병관과 공산주의 선동가, 선교사가 동시에 하층민 소굴로 사람을 모으러 가는 것 또한 사실이다.

다른 점은 아주 근본적이다. 군대는 새로운 삶의 방식에 대한 욕구를 충족시켜주는 곳이 아니다. 구원을 위한 길도 아니다. 군대는 새로운 삶의 방식을 강요하고 억지로 받아들이게 만드는 억압자의 곤봉처럼 사용되기도 한다. 그러나 군대는 무엇보다도 (구체제건 신체제건) 기존 체제의 보존이나 확장을 위해 고안된 도구다. 이는 원하는 대로 조립하고 해체할 수 있는 임시 도구다. 반면에 대중운동은 영구적 도구로서, 한 번 시작하면 영원히 지속하는 것으로 보인다. 퇴역 병사는 노병이요 심지어는 영웅이다. 전 광신자는 변절자다. 군대는 현재를 지탱하고 방어하며 확장하기 위한 도구다. 대중운동은 현재를 파괴하러 온다. 대중운동은 미래에 열중하며, 운동의 활력과 동력도 바로 거기에서 나온다.

대중운동이 현재에 열중하기 시작하면, 그 미래가 현재에 도래했다는 뜻이다. 그러면 운동으로서의 기능은 중단되고 하나의 제도권 조직—기성 교회나 정부나 (군인 또는 노동자의) 군대 같은 조직—이 된다. 민병대는 대중운동의 결과물로 만들어지는 경우가 많으며, 그 운동의 많은 장식물—경건한 어조와 슬로건들, 신성한 상징—을 그대로 유지한다. 그러나 다른 군대와 마찬가지로 민병대의 결집력을 지키는 것 역시 신념과 열정보다는 엄격한 훈련과 집단정신, 강제력이다. 숭고한 조직의 구성원들이 보이는 금욕주의와 열의는 오래 못 가고 사그라들게 마련이며 모든 군대의 특징인 난폭한 활기와 현재의 즐거움에 매달리게 된다.

현재의 도구인 군대는 주로 가능한 것을 다룬다. 그 지도자들은 기적에 기대지 않는다. 열렬한 신념으로 활기에 넘칠 때조차 군대는 타협에 순순히 응한다. 그들은 패배의 가능성을 염두에 두며 항복하는 방법을 안다. 반면에 대중운동의 지도자는 현재를(현재의 곤혹스러움과 완강하게 변하지 않는 사실들, 심지어 현재의 지리와 날씨마저도) 지독히 경멸한다. 그는 기적에 의지한다. 현재에 대한 그의 증오(허무주의)는 상황이 절망적일 때 전면에 떠오른다. 그는 항복하느니 조국과 민중을 파괴하는 편을 택한다.

군대 안에서 자기희생 정신은 임무에 헌신하는 자세, 가상의 상황을 상정하는 연극성, 집단정신, 훈련, 지도자에 대한 믿음, 스포츠맨 정신, 모험 정신, 명예욕에 의해 육성된다. 대중운동의 요소들과 달리, 이들 요소는 현재에 대한 경멸이나 쓸모없는 자신에 대한 증오심에서 나오는 것이 아니다. 따라서 냉정한 분위기에서 펼쳐질 수 있다. 열광적인 군인은 대개 광신자가 군인이 된 경우지, 그 반대가 아니다. 군대의 자기희생 정신은 사르페돈이 그리스의 방벽을 향해 돌격하면서 글라

우코스에게 한 말에 가장 고상하게 표현돼 있다. "나의 벗이여, 만약 우리가 이 전쟁을 떠나 노화와 죽음을 초월할 수 있다면, 나는 여기서 헛되이 싸우지 않을 것이네. 그러나 지금, 그 누구도 피할 수 있으리라는 희망을 품지 못할 수많은 방식의 죽음이 우리 앞에 임박했으니, 이대로 밀고 나아가 적들에게 우리의 명성을 알리든 아니면 우리 스스로를 위하여 승리하세."[26]

대중운동과 군대의 가장 큰 차이점은 대중과 하층민에 대한 태도다. 토크빌은 군인이 "누구보다 쉽게 흥분하는 사람들, 그리고 보통은 혁명의 순간에 가장 약한 모습을 보이는 사람들"이라고 말한다.[27] 전형적인 장군은 군대가 산산이 흩어지면 대중이 된다고 본다. 그는 대중이 자기희생의 의지를 보이기보다는 변덕스럽고 무정부 상태로 돌변하기 쉬운 존재임에 더 주목한다. 그는 그러한 대중을 새로운 세계의 원료라기보다는 하나의 조직체가 산산이 무너졌을 때 생기는 유해한 결과물로 본다. 그는 대중에 대해 공포와 경멸이 뒤섞인 태도를 취한다. 그는 대중을 억압하는 법은 알지만 대중의 사랑을 얻는 법은 모른다. 반면에 대중운동의 지도자(모세에서 히틀러까지)는 자신을 올려다보는 얼굴의 바다에서 영감을 얻으며, 대중의 함성은 신의 목소리로 들린다. 그는 자신이 불가항력적인 힘—자기만이 제어할 수 있는 힘—을 휘두를 수 있다고 느낀다. 그리고 이 힘으로 그는 제국과 군대와 현재의 모든 강력한 것을 뒤덮어버릴 것이다. 대중의 얼굴은 그에게 천지창조의 날 신이 새로운 세계를 만들기 직전 보았던 "태양의 표면"처럼 보인다.

14

단결의 동인

증오

65

증오는 모든 단결의 동인 중에서 가장 흔하고 포괄적인 요소다. 증오는 우리를 휘어잡아 자신의 본모습을 잃고 행복과 미래를 잊게 만들며 자아를 추구하는 의지와 질투심으로부터 우리를 해방시킨다. 우리는 자기와 비슷한 사람들과 결합하여 하나의 불길로 끓어오르려는 갈망에 전율하는 익명의 분자가 된다. 하이네는 그리스도의 사랑이 하지 못하는 것을 공동의 증오가 해낸다'고 말한다.

대중운동이 시작되고 전파되려면 신에 대한 믿음은 없어도 가능하지만 악마에 대한 믿음 없이는 불가능하다. 대중운동의 힘은 대개 악마가 얼마나 선명하며 얼마나 만져질 듯 생생하느냐에 비례한다. 히틀러는 유대인을 반드시 멸망시켜야 하느냐는 질문에 이렇게 답했다. "아니오. …… 그랬다가는 그들을 발명해야 할 것이오. 그저 추상적인 적만이 아니라, 유형의 적이 필수요건이오."[2] F. A. 보이트는 국가사회주의운동을 연구하기 위해 1932년 베를린에 온 일본 사절단에 대해 말한다. 보이트는 사절단의 한 단원에게 그 운동을 어떻게 생각하는지 물었다. 그는 답했다. "굉장합니다. 일본에도 그런 것이 있었으면 좋겠습니다. 우리가 그럴 수 없는 것은, 우리에게 유대인이 없기 때문입니다."[3] 대중운동을 어떻게 움직여야 하는지 혹은 계속 움직이게 하려면 어떻게 해야 하는지 아는 자들이 내놓은 이 예리한 통찰은 아마 정확했을 것이다. 그들은 어떤 강령을 채택하고 어떤 프로그램을 받아들여야 하는지 알았을 뿐만 아니라 상대로서 부족함이 없는 적을 어떻게 설정해야 하는지도 알았다. 크레믈린의 이론가들은 제2차 세계대전의 총구가 채 식기도 전에 민주주의 서방, 그중에서도 미국을 적으로 선택했다. 서방이 어떤 선의의 몸짓을 보였거나 어떤 양보를 했다 해도 크레믈린이 내보내는 원한에 찬 악의가 줄어들었을 것 같지는 않다.

장제스의 가장 심각한 결함 중 하나는 일본이라는 적이 종전과 더 불어 무대에서 사라진 뒤로 적합한 새 악마를 찾지 못한 것이다. 야심은 크지만 생각이 단순했던 장군은 너무 자부심이 강하여 중국 대중의 열정과 단결, 자기희생 의지를 만들어낸 것이 자기가 아니라 일본이라는 악마였다는 사실을 깨닫지 못한 듯하다.

66

공동의 증오는 아무리 이질적인 구성원들이라도 하나로 결합시킨다. 공동의 증오심을 품게 되면 원수된 자라 해도 어떤 동질감에 감화되며, 그럼으로써 저항할 힘이 빠져나간다. 히틀러가 반유대주의를 이용한 것은 동족 독일인들을 단합하기 위해서만이 아니라 유대인을 증오하는 폴란드와 루마니아, 헝가리의 결연한 저항을 약화시키려는 의도도 있었으며, 심지어는 프랑스에서도 이를 꾀했다. 히틀러는 반공주의도 이와 비슷하게 이용했다.

67

이상적인 신과 마찬가지로 이상적인 악마도 하나인 듯하다. 우리는 히틀러―악마에 관한 한 첫째가는 권위자―에게 천재적인 지도자란 모든 증오심을 단 하나의 적에게 집중시켜 "서로 동떨어진 대상까지 하나의 범주에 속하는 것처럼 보이게"[4] 만드는 능력을 갖춘 존재라는 사실을 배웠다. 히틀러가 유대인을 악마로 삼았을 때, 독일 외부의 세계 전체를 유대인 혹은 유대인을 위해 일하는 자들이 사는 곳으로 만들었다. "잉글랜드 뒤에 이스라엘이, 그리고 프랑스 뒤에, 미국 뒤에"[5]도 이스라엘이 있다고. 스탈린도 악마를 고를 때 유일신 원칙을 고수했다. 전에는 파시스트가 이 악마였는데, 이제는 미국의 부호들이 악마다.

이상적인 신과 마찬가지로, 이상적 악마는 전재전능하며 무소부재한 존재다. 히틀러는 유대인에게 과도한 중요성을 부여하는 것이 아니냐는 질문을 받자 큰 소리로 항의했다. "아니, 아니, 아니오! …… 적으로서 유대인의 무시무시한 역량은 아무리 강조해도 모자라단 말이오."[6] 이 운동에서 발생하는 난관과 실패는 전부가 악마의 소행이요, 성공은 전부가 그 사악한 계략을 꺾고 승리한 것이다.[7]

끝으로, 이상적인 악마는 이방인이 되어야 하는 듯하다. 내국의 적이 악마로서 자격을 갖추려면, 이방인 조상을 두어야 한다. 히틀러는 독일의 유대인들에게 이방인 낙인을 찍는 것이 좋겠다고 판단했다. 러시아의 혁명 선동가들은 러시아 귀족들이 이민족(바랑인, 타타르인, 서유럽인) 혈통이라는 점을 강조했다.[8] 프랑스 혁명 때 귀족들은 "게르만 야만 부족의 후손으로, 프랑스 평민들은 문화 민족인 골족과 로마족의 후손"[9]으로 여겨졌다. 청교도 혁명 때 왕당파에게는 "이방 침략 부족의 후손, '노르만족'이라는 딱지가 붙었다."[10]

68

사랑할 때는 보통 동맹을 구하지 않는다. 그렇기는커녕 우리는 같은 대상을 사랑하는 자를 흔히 경쟁자나 불법침입자로 여긴다. 그러나 증오할 때는 예외 없이 동맹을 찾는다.

우리가 자기를 부당하게 취급한 자에게 불만을 품고 복수를 꿈꿀 때 우리 편을 들어줄 사람을 찾는 것은 정당하며 이해가 가는 일이다. 의아한 것은, 우리의 증오가 눈에 보이는 불만에서 온 것이 아니어서 정당성이 떨어질 때 동맹을 구하고자 하는 욕구가 더욱더 강해진다는 점이다. 우리가 자신과 같은 증오를 품은 사람들과 힘을 합치게 만드는 것은 주로 비이성적 증오이며, 매우 효과적인 단결의 매개체가 되는 것도 이 증오다.

이러한 비이성적 증오는 언제 생겨나며, 어떻게 사람들을 뭉치게 하는가? 증오는 우리의 부적합함, 쓸모없음, 죄의식, 그밖의 결함을 자각하지 못하게 억누르려는 필사적인 노력의 표현이다. 여기서 자기경멸이 타인에 대한 증오로 변질되며, 이 변질을 숨기기 위해 매우 단호하고 집요한 노력을 기울이게 된다. 물론 가장 효과적인 방법은 우리와 같은 증오를 느끼는 타인을 될 수 있는 한 많이 찾는 것이 되겠다. 다른 어떤 것보다 만장일치가 절실한 곳이 바로 여기이며, 전향은 타인을 신념보다는 일련의 비이성적 증오심으로 감화시킬 때 많이 이루어진다.

정당한 불만인 경우에도, 증오는 부당한 대우을 받았을 때보다는 자신이 무력하고 부적합한 존재, 겁쟁이라고 느낄 때, 달리 말하자면 자기경멸을 느낄 때 더 많이 일어난다. 자신에게 고통을 주는 사람보다 자기가 우월하다고 느끼면 우리는 그 사람을 얕보고 심지어는 동정도 하지만, 증오하지는 않는다.[11] 불만과 증오의 관계가 단순하고 직접적이지 않다는 것은 증오가 늘 자신을 부당하게 대한 사람을 향하는 것은 아니라는 사실에서도 확인할 수 있다. 어떤 사람에게 부당한 대우를 받았는데, 정작 증오는 엉뚱한 사람이나 집단에게 가는 경우가 적지 않다. 러시아인들은 스탈린의 비밀경찰에게 위협을 당해놓고는 속 편하게 "자본주의 전쟁광들"에게 이를 갈곤 했다. 독일인들은 베르사유 조약에 불만이 많았는데, 복수는 유대인 학살로 옮겨갔다. 보어족의 압제를 받은 줄루족은 힌두족을 도살했다. 미국의 빈곤층 백인들은 남부의 민주당 탈당파에게 착취당하고는 흑인들을 멋대로 처단했다.

자기경멸은 "상상도 못 할 정도로 부정하고 터무니없는 죄악적 열정"을 불러일으킨다. "왜냐하면 사람들은 자기 탓이며 자기가 저지른 과오임을 입증하는 진실에 대항하여 도덕적 증오심을 품기 때문이다."[12]

69

증오가 적법한 불만보다는 자기경멸에서 일어나는 일이 더 많다는 애기는 증오와 죄의식이 얼마나 밀접한 관계인지 보면 확인된다.

어쩌면 심각하게 부당한 짓을 행하는 것만큼 상대방에게 적의에 찬 증오심을 갖게 하는 방법은 없을 듯하다. 타인이 자신에게 정당한 불만을 품는 일은 우리가 그들에게 정당한 불만을 느낄 때보다 더 강력한 증오의 근거가 된다. 상대방에게 죄책감과 수치심을 느끼게 만드는 것으로는 그를 겸손하고 온화하게 만들지 못한다. 그랬다가는 오히려 그의 자만심을 휘저어 앞뒤 가리지 않고 공격적인 태도를 취하게 만들 뿐이다. 자기만 옳다는 태도는 우리 안의 죄의식이 내는 목소리를 덮어버리는 요란한 소음이다.

뻔뻔한 어휘와 행동 뒤에는, 그리고 자기만 옳다는 큰소리 뒤에는 죄의식이 자리잡고 있다.

70

증오하는 상대를 모욕하면 증오심은 배가된다. 역으로, 적에게 아량을 베풀면 증오심은 무뎌진다.

71

우리 안의 죄의식을 잠재우는 가장 효과적인 방법은 자신과 타인에게 우리가 죄를 저지른 대상이 실로 사악한 말종이어서 어떤 벌을 받아도 싸며, 나아가 박멸당해도 마땅한 존재임을 설득하는 것이다. 우리는 우리가 잘못을 저지른 상대를 동정할 수도, 그에게 무심할 수도 없다. 그들을 증오하고 괴롭혀야만 자기경멸에 빠지지 않을 수 있다.

72

숭고한 종교는 불가피하게 강한 죄의식을 낳는다. 이상이 고상할수록 실상은 불완전할 수밖에 없다. 그런데 익히 알다시피 죄책감은 증오심과 파렴치를 조장한다. 이렇듯 믿음이 고상할수록 그것이 낳는 증오심은 악의적이 되는 듯하다.

73

머리끝부터 발끝까지 나쁘기만 한 적보다는 장점이 많은 적을 증오하는 편이 쉽다. 경멸스러운 상대를 증오하기는 어렵다. 일본이 우리 미국보다 유리했던 점은, 우리가 그들을 부러워한 것보다는 그들이 우리를 부러워하는 마음이 더 컸다는 사실이다. 그들은 우리가 그들을 증오하는 것보다 훨씬 더 지독하게 우리를 증오할 수 있었다. 미국인들은 국제 사회에서 다른 국가나 민족을 잘 증오하지 못하는데, 어떤 외국인을 보아도 자신이 우월하다는 의식이 있기 때문이다. 미국인들에게는 외국인에 대한 반감보다 (후버나 루스벨트 같은) 동포 미국인에 대한 증오가 더 신랄하다. 외국인 혐오증이 다른 어떤 지역보다 뒤처진 남부에서 심하게 나타난다는 사실은 흥미롭다. 미국인들이 사력을 다해 외국인을 혐오하기 시작한다면, 미국적 삶의 방식에 자신감을 잃었다는 신호가 될 것이다.

증오심 속에 숨어 있는 부러움은 우리가 증오하는 대상을 따라하는 경향에서 잘 나타난다. 따라서 모든 대중운동은 그 운동이 적으로 삼은 바로 그 악마의 형상을 따라가게 된다. 정점의 기독교는 적그리스도의 형상을 구체화시켰다. 자코뱅당은 자신들이 봉기를 일으켰던 대상인 전제군주의 모든 악덕을 스스로 행했다. 소련은 독점자본주의의 가장 순수하고 거대한 모범 사례가 되고 있다. 히틀러는 '시온 현자들의 의정서'를 지침서이자 교과서로 채택했으며, "어떤 세부 항목도 놓지지 않고 철저히" 따랐다.[13]

억압받는 사람들이 얼마나 거의 예외 없이 자신들이 증오하는 억압자를 닮아가는지 보면 경악스러울 정도다. 사악한 사람들이 그들을 본따서 사는 것은 어느 정도는 그 악마를 가장 증오해야 할 사람들이 오히려 그들을 닮음으로써 그 사악함을 영속시키는 까닭일 것이다. 그러니 광신자들의 영향력이 본디 능력에 비해 걷잡을 수 없이 커지는 것 아니겠는가? 광신자는 자신의 형상에 따라 세계를 빚을 때 전향과 증오심 둘 다를 이용한다. 고대의 광신적 기독교도들은 추종 세력을 키움으로써 이교도 적대 세력에게 기이한 광증에 사로잡혀 유례없는 잔혹함을 휘두르게 함으로써 세계에 자취를 남겼다. 히틀러는 나치즘을 고무하고 민주주의 진영을 열광적이고 무자비하고 편협하게 만듦으로써 세계에 자신의 영향을 남겼다. 공산주의 러시아는 신봉자들과 반대자들, 양쪽 다 자신의 형상대로 빚어냈다.

이렇듯 증오는 하나의 공동체를 지키기 위해 동원하는 편리한 도구이지만, 길게 보면 그 대가는 만만하지 않다. 그로 인해 우리는 자신을 지키기 위해 실천해왔던 많은 혹은 전부의 가치를 포기해야 한다.

히틀러는 증오의 밑바닥에 숨어 있는 부러움을 알아차리고서 놀라운 결론을 이끌어냈다. 그는 국가사회당이 맹렬한 증오를 받을 만한 적을 찾는 것이 무엇보다 중요하다고 말했다. 그러한 증오는 국가사회당의 신념이 우월하다는 증거가 될 것이기에. "국가사회당이 견지하는 태도의 가치, 신념에 대한 진지한 자세, 의지력을 잴 수 있는 최상의 잣대는 그가 적 …… 으로부터 받는 적개심의 정도다."[14]

74

자신이 쓸모없는 존재라는 생각에 억눌렸을 때 우리는 스스로 어떤 사람보다는 못하지만 어떤 사람보다는 낫다는 생각은 하지 못하고 세상의 어떤 비천한 인간보다도 못한 존재라고 여기는 경향이 있다. 그러고는 세상 전체를 증오하며, 우주만물을 향해 자기 안의 분노를 터뜨린다.

좌절한 사람은 행운아가 쇠락하고 고결한 자가 망신당하는 것을 볼 때 깊은 안도감을 느낀다. 그들은 누군가의 완전한 몰락에서 만인에 대한 형제애 같은 것을 느낀다. 혼돈은, 무덤이 그러하듯, 평등의 정박소다. 어디엔가 틀림없이 새 인생과 새 질서가 있다는 뜨거운 신념에 불을 지르는 것은 옛것이 철저히 무너져야만 새것이 건설될 수 있다는 깨달음이다. 천년왕국을 향한 아우성은 이미 존재하는 모든 것에 대한 증오, 세계의 종말에 대한 갈망이다.

75

강렬한 증오는 공허한 인생에 의미와 목적을 부여할 수 있다. 인생이 무의미하다는 생각에 사로잡힌 사람들은 새로운 의미를 찾기 위한 노력으로 어떤 숭고한 대의에 헌신할 뿐만이 아니라 열광적인 불평불만을 키워나간다. 대중운동은 그들에게 이 둘을 다 충족하는 무한한 기회다.

76

"사람은 천성적으로 서로를 증오한다"는 말이나 사랑과 자선은 "속임수요 거짓 이미지인즉, 저 깊은 밑바닥에는 증오뿐"[15]이라는 파스칼의 말이 옳고 그르고를 떠나서, 증오가 우리 내면을 구성하는 모든 요소 속에 배여 있다는 인상을 피할 수 없다. 우리의 열정과 헌신, 열망과 희망을 다 분해하면 증오심이 표출된다. 그런가 하면 증오를 활성화함으로써 열정과 헌신과 희망을 합성하는 것도 가능하다. 마르틴 루터는 말했다. "나는 가슴이 차가울 때는 기도를 할 수 없기에 스스로를 채찍질하기 위해 원수된 자들, 그러니까 교황과 해충 같은 그 측근들, 그리고 츠빙글리의 불경함과 배은망덕함을 생각합니다. 그러면 가슴이 정당한 의분과 증오로 벅차올라 비로소 뜨거운 열정으로 기도할 수 있습니다. '아버지의 이름이 거룩하게 하시며, 아버지의 나라가 오게 하시며, 아버지의 뜻이 하늘에서와 같이 땅에서도 이루지게 하소서!' 나의 가슴이 뜨거워질수록 기도도 더욱 격렬해집니다."[16]

77

단결과 자기희생은, 아무리 고귀한 수단에 의해 키워졌다 해도, 증오를 일으키는 방편이 된다. 관용과 지상의 평화를 촉구하기 위해 끈끈하게 뭉친 사람들조차 같은 생각이 아닌 사람들에게는 난폭하고 완고한 태도를 취하기 쉽다.

자기소외 없이는 자기를 내세우지 않는 사심 없는 상태도, 어떤 결속력 강한 전체 속에 완전히 융화되는 일도 가능하지 않다. 앞서 언급했듯이,[17] 자기소외는 열광적인 분위기 속에서 만들어지며, 거기에는 열광적인 증오도 포함된다. 개인이 자기를 내세우지 않고 전체와 일체가 되는 분위기는 증오심을 키우기에 알맞은 여건이기도 하다. 자기부정은 타인에게 가혹하고 무자비하게 굴 수 있는 권리를 부여하는 듯하다. 맹신자, 그중에서도 종교적 맹신자는 어쩐지 겸손한 사람이라는 인상을 주는 경우가 태반이다. 그러나 실상은, 자기를 버리고 낮추는 행위가 오히려 자부심과 교만을 낳기도 한다. 맹신자에게 스스로를 선택받은 자이자 세상의 소금이요 세상을 밝히는 빛이며 미천한 신분으로 변장한 왕자로 여기는 경향이 있는 것도 사실이다.[18] 그가 믿는 것을 받아들이지 않는 자는 악마요, 그의 말에 귀 기울이지 않는 자, 패망하리라.

또 있다. 자기를 버리고 어떤 꽉 짜인 전체의 일원이 된다는 것은 개인이 누릴 이익을 포기하는 일일 뿐만 아니라 개인의 책임에서도 벗어나는 일이다. 개인의 판단력에 동반되는 두려움과 망설임, 의심과 막연한 체면의식에서 해방된 사람이 어느 정도까지 잔인하고 무자비해질 수 있는지는 말할 필요도 없다. 개인이 대중운동의 조직성 속에서 독자성을 잃게 되면 새로운 자유가 생긴다. 수치심과 회한 없이 증오하고 겁박하고 거짓말하고 고문하고 살해하고 배신할 자유가 그것이다. 이 것이 어느 정도는 대중운동의 매력이라는 점도 부정할 수 없다. 우리는 여기에서 "욕될 권리"를 발견하는데, 도스토옙스키에 따르면 이는 거부할 수 없이 매혹적이다.[19] 히틀러는 자주적인 개인한테서 보이는 잔인성을 업신여겼다. "확고한 신념 없는 폭력성은 갈팡질팡 변덕이나 부릴 것이다. 이런 폭력성에는 광신적 분위기에서만 가능한 완강함이 없다."[20]

이렇듯 증오는 단결의 수단일 뿐만 아니라 그 결과이기도 하다. 르 낭이 말하길 세계가 시작된 이래로 우리는 자애로운 국가가 있다는 소리를 들어본 적이 없다.[21] 자애로운 교회나 자애로운 혁명당이 있다는 소리도 들어본 적이 없다는 말을 덧붙여도 무방하리라. 이기심을 원천으로 하는 증오와 잔인함은 자기를 버린 사심 없는 심리가 만들어내는 원한과 무자비함에 비하면 효율적이지 못하다.

신에 대한 사랑, 예수 사랑, 나라 사랑, 억압받는 자들에 대한 연민 등 이기심 없는 열정에서 태어나는 살육과 공포와 파괴를 보노라면, 이런 괘씸한 곡해가 생겨나는 것은 권력에 주린 냉소적인 지도자들 탓이라고 생각하기 쉽다. 하지만 사실 고결한 욕구를 증오와 폭력의 실상으로 변질시키는 것은 그 이기심 없는 열정이 추동한 단결이지 음모를 꾸

미는 지도자가 조종한 것이 아니다. 철저한 융화와 자기를 잊은 헌신의 전제조건인 몰개인화 또한 상당 부분 비인간화 과정의 하나다. 고문실은 하나의 사회제도다.

모방

78

모방은 단결의 필수 매개다. 응집력 높은 집단의 발전은 획일성이 널리 퍼지지 않고서는 상상도 할 수 없다. 모든 대중운동이 소중히 여기는 하나된 정신과 통제는 복종에 의해 이루어지지만 모방도 그만한 역할을 수행한다. 복종 자체에도 계율을 따르는 복종이 있고 모범을 따라하는 복종이 있다.

모든 사람에게 모방 능력이 있지만 특히 더 강한 사람들이 있다. 43항에서 살펴보았듯이, 좌절한 사람들에게 단결된 행동을 하는 경향이 있을 뿐만 아니라 실제로 그들의 단결을 이끌어낼 조직까지 갖춰져 있다. 그렇다면 문제는 그들이 특히 모방 능력이 뛰어난가 여부다. 좌절과 모방 욕구가 서로 관계가 있는가? 모방이 좌절한 사람들을 따라다니는 불행으로부터 달아나게 해줄 수단인가?

좌절한 사람에게 가장 무거운 짐은 자신이 결함 많고 쓸모없는 존재라는 생각이며, 그들의 가장 큰 바람은 아무짝에도 쓸모없는 자신에서 탈피하여 새 인생을 시작하는 것이다. 그들은 이 바람을 실현하기 위해 새로운 정체성을 찾든지 아니면 자신의 개성을 죽이고 숨긴다. 그리고 이 둘 다 모방으로 성취할 수 있다.

사람은 스스로에게서 느끼는 만족감이 적을수록 다른 사람처럼 되고 싶은 욕망이 커진다. 따라서 우리는 자신과 거의 같은 사람보다는 자신과 다른 사람, 경멸하는 사람보다는 존경하는 사람을 모방하려 든다. 억압당하는 사람들(흑인과 유대인)은 모방 능력이 비범하다.

자신의 개성을 죽이고 숨기는 것은 오로지 모방으로만 성취된다. 다른 사람과 될 수 있는 한 비슷하게 되는 것이다. 어딘가에 소속하고자 하는 욕구는 어느 정도 자신을 지워버리고 싶은 욕구다.

끝으로, 좌절한 사람들한테서 흔히 볼 수 있는 자신감 결핍도 모방 능력을 자극한다. 우리는 자신의 판단과 운을 믿지 못할수록, 타인의 모범을 따르려 한다.

79

새로운 정체성을 찾아나서지 않고 자신을 거부하는 것만으로도 모방 능력이 높아질 수 있다. 거부당한 자신은 개성을 내세우지 않게 되며, 그에게서 타인을 흉내내려는 습성을 막을 것은 아무것도 없다. 독자적 개성이 없는 까닭에 밀고 들어오는 외부의 영향 앞에 정신적 무방비 상태가 되는 것은 어린이나 획일적인 성인이나 다를 바 없다.

80

우월감은 모방을 방해한다. 이 나라에 온 수백만 이민자가 우월한 사람들―출신 국가의 상류층―이었다면 여기는 하나의 미국이 아니라 수많은 언어와 문화 집단의 조각그림이 되었을 것이다. 그토록 이질적인 수백만 인구집단이 그토록 빠르고 완전하게 융합할 수 있었던 것은 이민자 대다수가 가장 밑바닥의 빈곤층, 경멸당하고 거부당한 사람들이었기 때문이다. 그들은 옛 세계의 정체성을 털어내고 새로운 인생으로 새출발하고자 하는 열렬한 소망을 품고 이 나라에 왔으며, 자동적으로 무한한 모방 능력과 적응 능력을 갖추게 된다. 새 나라의 생소함은 그들을 밀어내기는커녕 오히려 더 끌어당긴다. 그들은 새로운 정체성과 새로운 인생을 갈망하기에, 새 세계가 생소할수록 그들의 성향에 잘 어울린다. 어쩌면, 앵글로색슨계가 아닌 사람들에게는 모르는 언어라는 점이 더 큰 매력이 되었을 것이다. 새로운 언어를 배울 때는 새로 태어난 것 같은 착각을 느끼게 마련이다.

81

모방은 왕왕 문제 해결의 지름길이 되곤 한다. 우리는 어떤 독자적인 해결책을 만들어낼 의지나 능력 혹은 시간이 없을 때 남의 것을 베낀다. 성급한 사람들이 느긋한 사람들보다 더 모방에 열심이다. 이런 식으로 분주한 활동은 획일성을 낳는 경향이 있다. 개인들을 계획적으로 응집력 높은 집단에 결합시킬 때면, 쉴 새 없는 활동이 중대한 역할을 할 것이다.[22]

82

설득에 의한 것이건 강제에 의한 것이건 자발적 항복에 의한 것이건, 단결은 모방 능력을 증대시키는 경향이 있다. 민간인이 군대에 징발되어 응집력 높은 조직의 일원이 되면 민간인으로 살 때보다 모방 능력이 높아진다. 조직과 일체가 된 개인에게는 개성이 없다. 그는 언제까지나 불완전하며 미숙한 존재이며, 따라서 외부의 영향에 저항하지 못한다. 원시 부족들이 놀라운 모방 능력을 지닌 것은 아마도 원시적인 사람들이라서기보다는 대개 유대 강한 씨족이나 부족의 구성원이기 때문일 것이다.

조직과 일체가 된 사람이 모방에 능하다는 점은 대중운동에 이로운 면도 되지만 동시에 해가 되는 면도 있다. 충성스러운 사람들은 남의 말에 잘 따르고 시키는 대로 잘하지만, 외부의 영향에 유달리 잘 흔들리는 면도 있다. 철저하게 일치단결한 집단은 쉽게 타락하고 부패한다는 인상을 준다. 모든 대중운동은 외국의 모델을 베끼다가 "자신들이 증오하는 것을 본뜨는" 형국이 되지 말라고 훈계하느라 비지땀을 흘린다. 외부자를 모방하면 반역자요 배교자라는 낙인이 찍힌다. "외국인을 본따는 것은 뒷문으로 몰래 적을 들여보내는 첩자처럼 국가모독죄를 저지르는 것이다."[23] 대중운동은 믿음이 충실한 사람들이 믿지 않는 사람들과 교류하는 상황을 막으려고 온갖 장치를 동원한다. 개중에는 새로운 생활방식을 여하한 방해 요소 없이 안착시키기 위해서 신봉자들을 오지로 끌고 들어가는 조직도 있다.

외부 세계를 경멸하는 것은 물론 내부에 균열을 일으킬 수 있는 모방을 막기 위한 가장 효과적인 방어책이 될 것이다. 하지만 활발한 대중운동이라면 소극적인 경멸보다 증오를 더 높이 평가하며, 증오는 모방을 억제하기보다는 오히려 부추기는 효과를 낼 때가 많다(73항을 보라). 외부 세계를 봉쇄하고 자신들의 고유성을 지키고자 하는 소규모 조직체만이 경멸을 절연체로 취한다. 그런 태도는 변화에 적대적인 배타성을 낳는다.

흔들림 없이 일치단결한 집단의 구성원들이 모방 능력이 좋을 때면 대단히 유연하고 적응력 높은 조직이 된다. 그 조직은 놀랍도록 수월하게 개혁을 시행하고 방향을 전환할 수 있다. 단결한 일본이나 튀르키예가 신속한 근대화를 이루어낸 것에 비해 중국과 이란 등 단결 정신으로 똘똘 뭉쳐 무언가 해내고자 하는 의지가 없던 나라들은 새로운 방식을 받아들이는 과정이 더디고 고통스러웠다. 결속력 없이 느슨했던 제정 러시아보다는 흔들림 없이 일치단결한 소련이 새로운 방법과 새로운 생활양식을 훨씬 더 수월하게 흡수한다. 또한 공동체의 뼈대를 온전히 지키고 있는 원시부족은 무너져가는 부족이나 공동체보다 더 쉽게 근대화될 수 있다.[24]

설득과 강압

83

오늘날에는 견해를 가르치고 행동양태를 형성하는 수단으로 설득이란 방법의 효과를 과장하는 경향이 있다. 우리는 선전선동을 위력적인 도구로 여긴다. 이 선전선동을 능숙하게 활용한 덕분에 우리 시대의 많은 대중운동이 놀라운 성공을 거둘 수 있었다고 본다. 그리고 이 어휘를 총검만큼이나 두려워하게 되었다.

사실 선전선동의 눈부신 효과라고 하는 것은 여리고 성을 무너뜨린 것이 여호수아의 우렁찬 나팔 소리였다는 이야기만큼이나 근거 없는 소리다. 선전선동이 그 잠재력의 십분의 일만 발휘한다 해도 러시아, 독일, 이탈리아, 에스파냐의 전체주의 정권은 가벼운 문제로 그쳤을 것이다. 그 정권들은 시끄럽고 뻔뻔스럽기는 했겠지만 비밀경찰과 포로 수용소, 대량학살 같은 만행은 없었을 것이다.

실상을 보면, 선전선동만으로는 내키지 않는 마음을 억지로 움직이지는 못하며 완전히 새로운 무언가를 주입시키지도 못하고 이미 믿지 않기로 작정한 사람들을 설득하지도 못한다. 선전선동은 이미 열린 마음을 가진 이들에게 통할 뿐이다. 생각을 주입한다기보다는 이미 받아들인 사람들의 원래 있던 생각을 한 번 더 표명하고 옹호할 뿐이다. 재능 있는 선동가는 청중의 마음속에서 부글거리던 생각과 열정을 폭발 직전으로 추어올린다. 그는 사람들 내면 가장 깊은 곳에 눌려 있던 감정이 메아리치게 만든다. 생각을 강요하지 않더라도 사람들에게 이미 '알고 있는' 것만 믿게 만들 수 있다.

선전선동이 통하는 대상은 주로 좌절한 사람들이다. 그들의 마음속 고동치는 두려움과 희망과 열정이 오감을 파고들어 그들과 외부 세계 사이를 가로막는다. 그들은 이미 상상했던 것밖에 보지 못하며, 선동가의 감동적인 말에서 듣는 것은 그들 내면에서 울리는 영혼의 음악이다. 아닌 게 아니라 좌절한 사람들은 완전무결한 논리에 따라 조합된 적확한 언어보다는 오히려 사람을 현혹하는 화려한 연설에서 자신이 상상한 것을 찾고 내면의 메아리를 들으며 낭랑한 후렴을 듣는다.

선전선동만으로는 아무리 수완이 좋다 해도 이미 믿지 않겠다고 작정한 사람들의 마음을 돌리지 못한다. 대중운동을 지속시키기 위해서는 사람들이 더 이상 믿지 않을 때 강제로라도 믿게 만들 질서를 구축해야 한다.[25]

뒤(104항)에서 보겠지만, 언어는 대중운동의 주장을 준비할 때 없어서는 안 될 도구다. 그러나 운동의 목표가 실현되고 나면 언어는 여전히 쓰임은 있겠으나 더 이상 결정적인 역할은 하지 못한다. 선전선동의 대가 괴벨스 박사도 솔직하게 인정했으니, "날카롭게 벼린 검이 실제로 효과적으로 사용되기 위해서는 선전선동 뒤에 세워두어야만 한다."[26] 괴벨스는 또 "좋은 선전선동이 선전선동이 전혀 없는 것보다 더 많은 것을 해낸다는 점은 부인할 수 없다"[27]고 주장했는데, 어딘가 변명조로 들린다.

84

사람들이 흔히 생각하는 것과는 달리 선전선동은 자체의 효과에만 의존할 때보다는 강압과 병행할 때 더 광적이고 집요한 힘을 발휘한다.

전향 활동에 임한 자와 강압에 의해 전향한 자, 둘 다 자신이 강요하는 혹은 강요에 의해 받아들인 신념이 유일한 진리라는 광적인 확신이 필요하다. 이 확신이 없으면, 전향 활동에 임하는 테러리스트는 처음에는 나쁜 뜻이 없었다 해도 자신이 범죄자가 되었다고 느끼며, 강압에 의한 전향자는 자신을 목숨 때문에 영혼을 내다 판 겁쟁이로 여긴다.

이렇듯 선전선동은 타인을 설득하는 것보다는 오히려 스스로를 정당화하는 데 중요한 역할을 수행한다. 그리고 죄의식을 느낄 이유가 많을수록 선전선동은 더 격렬해진다.

85

폭력이 광신을 부르고 광신이 폭력을 초래하는 것이 맞을 성싶다. 보통은 어느 쪽이 먼저인지 구분하기 어렵다. 폭력을 사용하는 쪽과 폭력에 항복하는 쪽, 둘 다 광신적인 마음 상태를 일으키는 듯하다. 페레로는 프랑스 혁명의 테러리스트에 대해서 말하기를, 피를 "흘리면 흘릴수록 자신들의 정의가 절대적이라는 믿음이 필요하다. 절대 진리만이 자신들의 죄를 사면해주고 그 필사적인 기세를 유지해줄 것이라 스스로 여기기 때문이다. (그들은) 국민주권을 종교적 진리로 믿기 때문에 그 모든 피를 흘리는 것이 아니라, 공포로 인해 그토록 많은 피를 흘렸기 때문에 국민주권을 종교적 진리로 믿으려는 것이다."[28] 테러 활동은 맹신자들로 하여금 적을 으르고 짓뭉갤 수 있게 해줄 뿐만 아니라 신념에 활기를 불어넣고 강화시키는 역할도 한다. 미국 남부에서 벌어지는 모든 린치 사건은 흑인들을 겁먹게 만들 뿐만 아니라 백인 우월주의에 대한 광적인 확신에 더욱 힘을 실어준다.

　강압당하는 사람들의 경우에도 폭력이 광신으로 이어질 수 있다. 강압에 의해 전향한 사람이 설득으로 전향한 사람보다 더 광적으로 집착하는 경우가 종종 있으며 심지어는 더 심한 경우도 있다는 증거가 있다. "자신의 의지에 반하여 동의했다 하더라도, 의견은 의견"이라는 말이 항상 옳은 것은 아니다. 강요에 의해 개종한 이슬람교도들은 이슬람 운동 초기에 참여한 아랍인들보다 이 새로운 신앙에 더 열렬한 헌신을 보여준다. 르낭에 따르면, 강요에 의해 개종한 자들의 이슬람교는 "갈수록 신앙이 더 강해지는 경향을 보인다."[29] 광신적 정통파는 모든 운동에서 늦게 만들어진다. 이런 흐름은 그 운동의 권세가 막강하여 설득에 의한 개종뿐만 아니라 강요에 의한 개종이 가능한 시기에 발생한다.

　이렇듯 가차없고 집요한 강압의 설득력은 그 무엇과도 비교하기 힘들 정도로 효과적이다. 이는 단순한 사람들한테만 그런 것이 아니고 자신의 지적 소양과 정직성에 자부심을 갖고 있는 사람들한테도 마찬가지다. 크레믈린이 과학자, 작가, 화가의 전향과 자아비판을 강요하는 임시 법령을 포고했을 때 나왔던 전향과 고백은 입에 발린 말이라기보다는 진정한 전향이었을 것이다. 광적인 신념이 있어야 자신의 비겁함을 합리화할 수 있기 때문이다.

86

설득 하나만으로 광범위한 대중과 튼튼한 조직을 성취한 대중운동의 사례는 찾아보기 힘들다. 독실한 기독교 신자이자 역사가인 K. S. 라투렛 교수는 이런 말을 남겼다. "예수와 군대의 정신이 아무리 상반된다 해도, 그 사실을 인정하기가 아무리 싫다 해도, 명백한 역사적 사실을 살펴보면 후자가 전자의 생존을 가능하게 해준 경우가 다반사다."[30] 기독교를 세계 종교로 만들어준 것은 세속의 검이었다. 정복과 개종은 함께 갔는데, 후자가 전자의 명분이 되고 도구가 되는 경우가 많았다. 기독교가 국가 권력의 지지를 얻거나 유지하지 못한 곳에서는 광범한 점령도 영구적인 지배력도 얻지 못했다. "페르시아에서는 …… 기독교가 한 번도 국왕의 지지를 받는 국교가 되지 못했으며, 소수가 믿는 종교 이상은 되지 못했다."[31] 이슬람교의 놀라운 팽창 과정에서는 정복이 가장 중요한 요인이었고 개종은 하나의 부산물이었다. "이슬람이 가장 번영한 시기는 이슬람의 정치적 지배력이 가장 강하던 시기였으며, 바로 이 시기에 이슬람의 외부 확장도 가장 활발했다."[32] 종교개혁 운동은 지배 군주나 지역 정부의 지지를 받은 곳에서만 이루어졌다. 루터의 총명한 오른팔 멜란히톤은 이렇게 말했다. "세속 권력이 간섭하지 않는 계율은 무엇이겠는가? 바로 이상적인 법률이다."[33] 프랑스의 종교개혁처럼 국가 권력의 반대를 받은 곳에서는 피바다에서 익사하여 다시는 일어서지 못했다. 프랑스 혁명의 경우에는 "유럽 전역을 관통한 것은 혁명 군대였지, 그 사상이 아니었다."[34] 지적 영향이 있었으리라는 점은 의문의 여지가 없다. 뒤무리에 장군은 프랑스 군대가 신성한 자유의 법을 "쿠란처럼, 손에 검을 들고"[35] 선언한다며 저항했다.

또한 대중운동이 설득이나 강요 중에 하나를 택할 수 있는 곳에서는, 대개 후자를 택하는 듯하다. 설득은 엉성하여 그 결과가 불확실하기 때문이다. 에스파냐의 성 도미니크는 이단 알비파에게 말했다. "오랜 세월 당신들에게 온유한 자세로 설교하고 기도하고 울면서 설득했으나 허사였다. 그러나 내 나라의 격언은 '축복이 소용없는 곳이라면, 주먹다짐이 쓸모있을지도 모른다'고 가르친다. 우리는 당신들, 군주들과 성직자들에 맞서 일어날 것이니, 통재로다, 당신들은 이 나라에 맞서 국가와 왕국을 무장할 것이로다. ······ 이렇듯 축복과 온화함이 쓸모없었던 곳에서 주먹이 쓸모있구나."[36]

87

강압적인 무력으로는 대중운동을 멈추지 못한다는 주장은 문자 그대로 다 옳지는 않다. 무력은 아무리 활발한 대중운동이라도 막을 수 있으며 심지어는 박살낼 수도 있다. 그러나 그러기 위해서는 무자비하고 집요해야 한다. 그리고 바로 이 때문에 신념이 없어서는 안 될 요인이 된다. 무자비하고 집요한 박해는 광적인 신념에서만 나올 수 있다. "확고한 신념 없는 폭력성은 갈팡질팡 변덕이나 부릴 것이다. 이런 폭력성에는 광신적 분위기에서만 가능한 완강함이 없다."[37] 개인의 잔혹함에서 발산되는 테러리즘은 멀리 가지도, 오래가지도 못한다. 그런 테러리즘은 산발적이며, 그때그때 기분에 휩쓸리고 주저하기 쉽다. "그러나 무력이 조금이라도 주저하며 자비를 보이는 순간, 제압당하던 세력은 힘을 되찾을 뿐만 아니라 자신들이 받는 온갖 박해를 유리하게 이용할 수 있게 될 것이다."[38] 숭고한 테러는 한계를 모르며 결코 투항하지 않을 것이다.

불 타는 신념은 강압에 저항하기 위해서뿐만이 아니라[39] 강압을 효과적으로 사용하기 위해서도 필요한 것으로 보인다.

88

타인을 전향 혹은 개종시키고자 하는 충동은 어디에서 오는가?

믿음을 지구 구석구석까지 전파하게 만드는 주된 요인은 강력한 확신이 아니다. "강렬한 종교는 종종 자기 안에 틀어박혀 자신이 아닌 것을 경멸하고 파괴하며 고작해야 동정한다."[40] 전도 충동은 베이컨이 "대홍수와 같아서, 반드시 흘러넘칠 것"[41]이라고 말하는, 권력 과잉이 표출된 것도 아니다. 전도 충동은 오히려 심각한 불안의 표출인 듯하다. 중심에 있는 것만으로는 뭔가 부족한 것 같은 절박한 느낌이 표출되는 것이다. 전도 충동은 자신이 이미 가진 무언가를 세계에 주고자 하는 충동이라기보다는 아직 찾지 못한 무언가를 찾고자 하는 열정에 가깝다. 그것은 자신이 숭배하는 절대 진리가 과연 오직 하나뿐인 진리임을 궁극적으로 논박할 수 없도록 표명하는 행위이다. 전도에 나선 광신자는 타인을 개종 혹은 전향시킬 때 스스로의 믿음도 강해진다. 정당성이 쉽사리 문제시되는 신조일수록 강한 전도 욕구를 보일 가능성이 크다. 터무니없고 명백히 비논리적인 독단을 언명하지 않는 운동이 "사람을 얻지 못하면 세계를 파괴하려 드는" 광적인 충동에 사로잡힐 것 같지는 않다. 또한 신앙고백 내용과 실상이 크게 어긋나는, 말하자면 죄의식이 강한 운동일수록 자신들의 믿음을 타인에게 더 열렬히 강요한다. 러시아에서는 공산주의를 실행하기가 어려워질수록, 본래의 강령을 절충하고 희석해야 할수록, 믿지 않는 세계에 대한 공세가 더 뻔뻔하고 오만해질 것이다. 미국 남부의 노예 소유주들은 그들의 지위가 현대 사회에서 지지받지 못한다는 사실이 명백해질수록 더 호전적으로 자신들의 생활방식을 퍼뜨리려 했다. 자유기업이 숭고한 대의가 된다면, 그 활용성과 이점이 더 이상 자명하지 못하다는 증거일 것이다.

전도하려는 열망과 세계를 지배하겠다는 열망 둘 다 어쩌면 중심에 어떤 심각한 결핍이 있음을 알리는 징후일 것이다. 선교사 무리나 에스파냐 정복자들은 고향에서 지지받지 못할 일을 머나먼 곳으로 도피하여 실현하려는 도망자 무리와 다를 바 없다. 그런데 이 세 부류가 만나 뒤섞이고 서로 역할을 바꾸는 일이 얼마나 흔한지.

지도자

89

대중운동의 발생에서 지도자의 역할이 얼마나 중요하다고 생각하든, 운동의 발생을 가능하게 하는 조건을 창출하는 것이 지도자가 아님은 의심할 여지 없는 사실이다. 지도자가 무에서 운동을 끄집어내는 것은 아니다. 추종하고 복종하려는 열정이 있어야 하고, 현재의 상황에 대한 강렬한 불만이 있어야 비로소 운동과 지도자가 나타날 수 있다. 조건이 성숙하지 못했을 때는, 잠재적 지도자에게 아무리 재능이 있고 그가 주창하는 대의가 아무리 강력하다 해도 추종하는 무리가 생겨나지 않는다. 제1차 세계대전과 그 뒤의 사태는 볼셰비키, 파시스트, 나치즘 발생의 지반이 되었다. 그 전쟁이 가까스로 일어나지 않았다거나 일이십 년 미뤄졌더라면 레닌과 무솔리니와 히틀러의 운명은 빈번한 혼란과 위기를 전면적인 대중운동으로 이끌어내지 못했던 19세기의 탁월한 전략가들이나 선동가들의 운명과 다르지 않았을 것이다. 그때는 무언가 부족했다. 제1차 세계대전이라는 대격동을 맞은 유럽의 대중들은 그들의 현재에 완전히 절망하지 않았고, 그렇기에 새 인생과 새 세계를 위해 현재를 희생할 의지가 없었다. 민족운동 지도자들은 그나마 혁명운동가들보다는 나았지만, 그들조차 민족주의를 대중적인 숭고한 대의로 만드는 데 성공하지 못했다. 투쟁적 민족운동과 투쟁적 혁명운동은 동시대에 속하는 듯하다.

영국에서도 지도자가 제구실할 시기를 기다려야 했다. 1930년대에 가능성을 보였던 지도자(처칠)는 대중의 눈에 띄는 걸출한 재목이었고 밤낮없이 목소리를 냈다. 그러나 따르고자 하는 대중적 의지가 형성되지 않았다. 재앙이 나라의 기반을 잡아 흔들어 자율적인 개인의 생활이 불가능해지고 무의미해지자 비로소 지도자로서 진가를 발휘했다.

대중운동의 전개 과정에서 아주 중대한 시점에 등장하는 것으로 보이는 위대한 지도자들은 누구나 때를 기다리는 시기를 보낸다. 그 시기가 아주 긴 시간이 되는 경우도 드물지 않다. 우연한 사건들과 다른 사람들의 활동은 그들이 등장하여 임무를 수행하기 전의 사전 준비 과정이다. "중대한 날을 이끄는 인물은 한 시리즈의 마지막 사건일 뿐인 듯하다."[42]

90

만반의 태세가 갖춰지고 나면 걸출한 지도자의 존재가 필수불가결한 요건이 된다. 그런 지도자 없이는 어떠한 진전도 있을 수 없다. 때가 무르익었다고 저절로 대중운동이 일어나는 것은 아니며, 선거나 법, 행정 부서가 그런 움직임을 일으킬 수 있는 것도 아니다. 사건의 흐름을 볼셰비키 혁명으로 몰아가게 만든 것은 레닌이었다. 그가 스위스나 1917년 러시아로 들어가는 길에 죽었더라면 다른 탁월한 볼셰비키들이 연정을 이끌었을 것이다. 그 결과는 부르주아들이 운영하는 자유주의 공화국에 가까운 형태가 되었을지도 모른다. 무솔리니와 히틀러의 경우에는 징후가 더더욱 결정적이다. 즉, 그들 없이는 파시즘도 나치즘도 없었을 것이다.

현재 잉글랜드의 상황도 대중운동이 결과를 이끌어내기 위해서는 재능 있는 지도자가 없으면 안 된다는 사실을 잘 보여준다. 노동당 정부 수뇌부에 참된 지도자 하나만 있었더라도 대중운동은 초라하고 활기 없는 엄격한 사회주의적 기풍이 아닌 열띤 분위기 속에서 강력한 국유화 개혁을 주도했을 것이다. 그런 지도자가 있었다면 영국 노동자들에게 영웅적 생산자의 역할, 진정으로 과학적인 산업화의 선구자 역할을 부여했을 것이다. 그는 또 영국 국민에게 미국과 러시아를 위시하여 전 세계에 자본주의 사회의 혼돈과 소모와 탐욕도 볼셰비키 관료주의의 독재성과 야만성과 무지도 없는 진정한 문명 국가가 현대적 생산 수단으로 어떤 일을 해낼 수 있는지를 보여주는 것이 가장 중대한 사명임을 각성시켰을 것이다. 참된 지도자라면 영국인들에게 전쟁이라는 암흑기에 그들을 지탱하게 만들어준 그 자부심과 희망을 어떻게 불어넣어야 할지 알았을 것이다.

여론과 욕망을 대중운동의 집단 동력으로 통일시키고 결집시키기 위해서는 비범한 지도자의 강철 같은 의지력과 용기, 통찰력이 필요하다. 지도자는 확신에 찬 강령과 저항 정신, 권력의 원대함을 몸소 구현하는 상징이다. 그는 좌절한 사람들의 영혼 속에 쌓여 있는 원한이 정당한 것임을 조리 있게 설파한다. 그는 숨막히는 미래상에 불을 붙여 과도기인 현재를 희생하는 것을 정당한 것으로 만든다. 그는 자기희생과 단결을 실천하기 위해서 없어서는 안 될 연극적 장치를 가동한다. 그는 유대감이 주는 열정, 다름 아닌 보잘것없고 무의미한 개인이라는 존재로부터 벗어난 듯한 해방감을 되살려낸다.

그러한 임무를 수행하기 위해 필요한 재능은 무엇인가?

우수한 지성과 고귀한 인품과 독창성은 필수 요소도 굳이 바람직한 요소도 아닌 듯하다. 가장 중요한 요소는 이런 것이다. 저항에 담대하게 임하며 기쁨을 느끼는 태도. 강철 같은 의지력. 자신이 유일무이한 진리를 소유한 자라는 광적인 확신. 운과 운명을 믿는 경향. 열광적인 증오를 품을 줄 아는 능력. 현재를 경멸하는 태도. 인간의 본성에 대한 예리한 판단력. 상징(호화로운 구경거리와 의식)을 좋아하는 경향. 일관성과 공정함을 함부로 여기는 태도로 표현되는, 끝 모르는 뻔뻔함. 추종자 내면의 갈망은 교감하고자 하는 욕구이며 그 갈망은 강하면 강할수록 좋다는 사고방식. 유능한 보좌진의 드높은 충성심을 획득하고 유지하는 능력. 특히나 마지막 요소가 가장 불가결하면서도 가장 얻기 힘든 능력이다. 지도자의 놀라운 권능은 대중을 장악하는 능력보다는 소수의 유능한 인재를 넋을 잃게 할 만큼 압도하는 능력에서 나타난다. 이 소수의 인재들은 대담무쌍하고 자부심 강하고 지적이며 대규모 과업을 조직하고 수행할 능력이 있으면서도 지도자의 의지에 절대적으로 복종하며, 지도자로부터 영감과 추진력을 얻으며 그에게 이렇게 복종하는 것을 영광으로 여기는 사람이어야 한다.

위에 열거한 모든 자질이 똑같이 필수적인 것은 아니다. 대중운동이 효과를 내기 위해 가장 결정적인 요소는 담대함과 숭고한 대의에 대한 광적인 신념, 결속력 높은 집단의 중요성에 대한 인식, 그리고 무엇보다도 유능한 보좌진의 열렬한 헌신을 이끌어내는 능력이 될 것이다. 트로츠키가 지도자로서 실패한 까닭은 유능하고 충성도 높은 보좌 기구의 필요성을 무시했거나 혹은 그런 보좌 기구를 유지할 능력이 없었기 때문이다. 그는 인간적 공감을 일으키지 못했고, 그랬다 하더라도 유지하지 못했다.[43] 또 한 가지 결점은 개인, 특히 창조적인 개인을 체질적으로 존중하는 경향이었다. 그는 자율적인 개인이 사악하고 무익한 존재라고 생각하지 않았고, 대중운동에서는 교감이 극도로 중요하다는 사실을 이해하지 못했다. 쑨원은 "엄청나게 많은 수의 유능하고 헌신적인 추종자를 …… 끌어모아 그들에게 새로운 중국에 대한 전망을 제시함으로써 그들의 상상력에 불을 지피고 충성심과 자기희생을 이끌어냈다."[44] 쑨원과 달리 장제스는 대중운동의 지도자에게 반드시 필요한 자질을 전혀 갖추지 못했던 듯하다. 반면 드골은 확실히 주목해야 할 인물이다. 러시아 외부의 공산당 지도자들은 스탈린과 소련의 정치국에 복종했기 때문에 진정한 지도자의 지위를 차지할 수 없다. 그들은 다만 유능한 보좌 역으로 남을 것이다. 서방국가에서 공산주의가 효과적인 대중운동이 되려면 상반되는 다음 두 현상 중에서 하나는 일어나야 한다. 스탈린의 성격이 어떤 촉매제가 될 만큼 노골적이고 직접적이었든지, 아니면 지역 공산당이 러시아의 속박에서 벗어나 티토가 했던 식으로 자본주의와 스탈린 체제 양쪽에 다 보란 듯이 반항했든지. 레닌이 어떤 머나먼 이국땅에 틀어앉은 지도자와 정치국이 파견한 특사였다면, 러시아 혁명 과정에 그런 중대한 영향을 미쳤을 것이라고는 생각하기 힘들다.

9I

우리 시대에 성공을 거둔 많은 대중운동 지도자들이 주창한 사상의 유치함을 보노라면 어느 정도의 생경함과 정신적 미숙함이 지도자들에게는 하나의 자산이 되는 것 같다는 생각마저 든다. 하지만 에이미 맥퍼어슨(1890~1944. 미국의 유명한 개신교 부흥사. 라디오 · 영화 · 연극 등의 현대적 매체를 전도에 활용한 최초의 인물로 꼽힌다―옮긴이)이나 히틀러가 추종 무리를 얻고 유지하게 해준 것은 그들의 조잡한 지성이 아니라 그 터무니없는 사상을 멋대로 휘두를 수 있게 해주었던 끝없는 자신감이었다. 자신이 믿는 바를 과감히 끝까지 밀고 나가는, 진실로 지혜로운 지도자도 성공할 확률은 같을 것이다. 대중운동 지도자의 자질에서 사상의 질이 차지하는 비중은 대수롭지 않은 듯하다. 중요한 것은 자신만만한 몸짓, 타인의 견해를 깡그리 무시하는 태도, 혼자 힘으로 세계에 도전하는 근성이다.

어느 정도의 허풍은 유능한 지도자에게 없어서는 안 될 요소다. 대중운동에 의도적인 사실 왜곡이 전혀 없을 수는 없다. 확실하고 현실적인 이익은 추종자를 목숨 걸고 열광적으로 충성하게 만들 수 없다. 지도자는 현실적이고 현실주의자여야 하지만, 그러면서도 몽상적인 이상주의자의 언어로 말해야 한다.

독창성은 위대한 대중운동 지도자의 필수 요건은 아니다. 오히려 성공적인 대중운동 지도자에게서 볼 수 있는 가장 놀라운 특징은 친구든 적이든 과거의 모델이든 당대의 모델이든 가리지 않고 모방하려는 경향이다. 이런 유형의 지도자에게 없어서는 안 될 과감함은 세계에 도전하는 정신에서뿐만 아니라 모방 의지에서도 동일하게 드러난다. 어쩌면 어떤 영웅적 과업도 그 실마리는 무한한 모방 능력, 오직 한마음으로 하나의 모델을 따라하는 그 능력에서 찾을 수 있을 것이다. 이 과도한 모방 능력은 영웅에게는 완전히 성숙한, 깨달은 자기가 없음을 시사한다. 그에게는 많은 부분이 미발달 상태로 억눌려 있다. 많은 약점에도 그가 강한 것은 하나를 제외한 나머지 전부를 틀어막을 줄 알기 때문이다.

92

단결과 자기희생, 둘 다 획득하기 위해서는 개성을 철저히 버리는 것이 필수 요건이며, 이렇게 자신을 포기하는 것을 실현할 직접적 방법은 맹종을 찬양하고 주입하여 습관으로 만드는 것이다. 과학자, 작가, 화가 집단에 굴종을 강요하고 그들 개인의 지성과 미의식, 도덕의식을 부정할 것을 요구한 스탈린은 어떤 사디스트적 충동에 빠진 것이 아니었다. 그는 매우 인상적인 방법으로 맹종이 최상의 미덕임을 엄숙히 선언한 것이었다. 모든 대중운동은 복종을 최고 미덕으로 평가하여 신념과 동급에 놓는다. "정신적 단결을 위해서는 하나된 믿음으로 완전히 일치해야 할 뿐만 아니라, 교회와 로마 교황과 하느님께 하듯이, 순응하고 복종한다는 의지가 있어야 한다."[45] 복종은 신에게 제1계명일 뿐만 아니라 혁명 정당과 열렬한 민족주의에서도 제1법칙이다. '이유여하를 막론하고'는 모든 대중운동이 강인하고 이기심 없는 정신의 징표로 삼는 신조다.

대중운동이 일어날 때 나타나는 무질서와 유혈 참사, 파괴상을 보노라면, 그 운동의 추종자들이 본래 난폭한 무법자로 태어난 것이 아닌가 하는 생각이 든다. 사실 대중의 흉포함이 항상 참여 개개인들의 난폭함의 총합은 아니다. 포악한 개인은 행동 단결에 불리하게 작용하여, 자멸로 나아갈 수 있다. 그런 개인은 개척자가 되고 모험가가 되고 산적이 된다. 맹신자는 행동이 아무리 흉포하고 폭력적인 사람이라 해도 기본적으로는 고분고분 복종하는 사람이다. 알렉산드리아 대학을 습격하여 이단으로 의심되는 교수들을 린치했던 기독교 개종자들은 한 작은 교회의 순종적인 신도들이었다. 폭동을 일으키는 공산주의자는 당에 맹종하는 당원이다. 일본과 나치의 난폭한 군인들은 세상 누구보다 기강 잡힌 사람들이었다. 미국 남부에서는 집단 폭력에 가담하는 광적인 인종차별주의자들 가운데 예의바르고 유순한 공장 노동자를 심심치 않게 발견할 수 있다. 군대에서도 광적인 인종차별주의자는 특히나 다루기 쉬운 병사인 경우가 많다.

93

사는 것이 무기력하고 불안한 사람들이 자족적이고 자신감 넘치는 사람들보다 훨씬 더 기꺼이 복종한다. 좌절한 사람들은 제약으로부터 자유로운 것보다 책임으로부터 자유로운 것에 더 솔깃하다. 그들은 자발성과 결정, 피할 수 없는 실패에 책임지는 일에서 부담을 덜기 위해 개인의 독립성을 기꺼이 처분하려 든다. 그들은 계획하고 지휘하고 모든 책임을 떠맡고자 하는 사람에게 얼마든지 자기 인생의 지휘권을 양도한다. 더군다나 만인이 최고위 지도자에게 순종하는 것은 그들이 생각하는 평등주의의 이상을 실현하는 것이다.

위기가 닥쳤을 때, 홍수나 지진이나 전염병이 돌 때, 대공황이나 전쟁 시기에는, 개개인의 노력이 허사로 돌아가게 마련이어서 어떤 조건에 처한 사람이라도 지도자에게 기꺼이 복종하고 추종하고자 한다. 생사를 오가는 하루하루의 혼돈 속에서는 복종만이 유일하게 견고한 발판이 되는 것이다.

94

좌절한 사람들은 또한 가장 확고부동한 추종자가 될 가능성이 높다. 어떤 공동의 노력을 쏟았을 때 가장 자립심 떨어지는 사람들이 패배에 가장 꿋꿋하다는 사실은 주목할 만하다. 이러한 사람들이 어떤 공동의 사명에 가담하는 것은 소중한 과업을 성공시키기 위해서라기보다는 실패했을 때 개인이 짊어져야 할 책임을 피하기 위해서인 경우가 더 많기 때문이다. 공동의 사명이 실패로 돌아간다 해도 그들이 가장 두려워하는 것, 즉 그들 자신의 결점이 폭로되는 상황은 면하게 되는 것이다. 이에 그들의 신념은 줄지 않아 어떤 새로운 시도에도 기꺼이 따라 나선다.

좌절한 자들이 지도자를 따르는 것은 그 지도자가 그들을 약속의 땅으로 데려다줄 것이라고 확신하기 때문이라기보다는 자신들이 쓸모없는 존재라는 사실을 잊게 해주기 때문이다. 지도자에게 자신을 내맡기는 것은 어떤 목적을 성취하기 위한 수단이 아니라, 그 자체가 하나의 성취다. 지도자가 그들을 어디로 이끄는지는 부차적인 문제다.

95

대중운동의 지도자와 자유로운 사회의 지도자 간에는 중대한 차이가 있다. 자유로운 사회에서는 지도자가 대중에 대한 장악력을 유지하기 위해서 대중이 현명하고 선한 존재임을 맹목적으로 믿어야 한다. 이런 믿음이 있는 이류 지도자는 이 믿음이 없는 일류 지도자보다 오랜 생명력을 갖는다. 이는 곧 자유로운 사회의 지도자는 대중을 이끌더라도 그들의 뜻을 따라야 한다는 의미다. 누군가의 말마따나 지도자는 대중이 어디로 가는지 알아내야만 그들을 이끌 수 있다. 자유로운 사회의 지도자가 대중을 경멸하게 되면 얼마 안 가서 대중은 멍청하다는 기만적인 이론에 빠져 파멸에 이른다. 지도자가 무자비한 강압을 행사할 수 있는 곳에서는 사정이 다르다. 활발한 단계의 대중운동이 그렇듯, 지도자가 맹종을 강요할 수 있는 곳에서는 사람은 다 겁쟁이라는 그럴듯한 이론을 가동할 수 있으며, 대중을 그에 걸맞게 다루어 원하는 결과를 얻어낼 수 있다.

미국의 공산당 지도자들이 노동조합 운동에서 성공하지 못하는 한 가지 이유는, 자유로운 사람들로 이루어진 조직을 이끌면서 공산당의 노선과 전술을 구사하기 때문이다.

행 동

96

행동은 사람들을 단결시킨다. 진정한 활동가(건설자, 군인, 체육인, 나아가서는 과학자까지)는 사상가나 자신과의 교감에서 창조성을 얻는 사람들보다 개개인의 특성이 덜 두드러진다. 모험성 왕성하고 수완 좋은 사람들은 크나큰 잠재력이 무르익지 못하고 획일화되는 경향을 보인다. 사람은 남다른 점, 개성을 제거하기 전까지는 완전히 발벗고 행동에 나서지 못한다. 이렇듯 행동하는 사람들은 획일화되는 경향을 보인다. 대륙 정복 같은 광범위한 활동 없이 이민자로 이루어진 미국이 그렇게 짧은 시간 안에 놀라운 동질성을 얻었다는 것은 믿기 어려운 일이다. 이 나라에 (돈벌이) 활동을 위해 온 사람들은 어떤 숭고한 이상을 실현하러 온 사람들보다 훨씬 빠르고 철저하게 미국화했다. 전자는 같은 목표에 열중하는 수백만 이민자들에게 곧장 친근감을 느꼈다. 그들은 마치 형제가 된 듯했다. 그들은 성공하기 위해서는 같은 처지의 사람들과 어우러지고 그들이 하는 대로 하고 그들이 사용하는 말을 배우고 그들의 규칙을 따라야 한다는 사실을 일찌감치 깨달았다. 더군다나 그들이 뛰어든 광풍이 자신의 본모습을 드러낼 기회를 가로막아 웬만큼 개성 강한 사람이 아니라면 새로운 환경의 영향에 효과적으로 저항할 수 없었다.[46] 그런가 하면 이 나라에 이상(자유, 정의, 평등)을 실현하기 위해 온 사람들은 자신이 품은 이상과 이 새 나라의 현실을 비교해보고는 새 현실이 모자라다고 판단했다. 그리하여 그들은 우월감을 느꼈고, 당연히 새 환경이 자신들에게 영향을 미치지 못하도록 꽁꽁 차단했다.

97

생각하는 사람들이 다른 사람들과 함께 어울려 일하는 경우는 드물지만, 행동하는 사람들 사이에는 동지애가 쉽게 형성된다. 지적인 사업이나 예술 방면의 사업에서는 공동 작업이 드물지만, 행동하는 사람들 간에는 보편적일뿐더러 필수 요소에 가깝다. "자, 도시를 세우고, 그 안에 탑을 쌓자"[47] 하는 외침은 언제까지나 단결된 행동을 위한 호소다. 공산당의 산업 인민 위원은 공산당 이론가보다는 자본주의의 산업 종사자와 더 공통점이 많을 것이다. 진정한 인터내셔널은 행동하는 사람들의 동맹이다.

98

모든 대중운동에서 행동은 단결의 수단이 된다. 대중운동이 필요로 하며 선동하는 갈등과 충돌은 적과의 대결에 이용될 뿐만 아니라 추종자들의 개성을 박탈하여 집단의 환경에 잘 어울리는 존재로 빚는 데도 유용하다. 토지 개간, 도시 건설, 탐험과 대규모의 산업 계획도 비슷한 목적에 이용된다. 단순히 행진만으로도 단결에 도움이 된다. 나치는 이 엄청난 행동의 변종을 폭넓게 활용했다. 끝없는 행진을 무분별한 시간과 힘의 낭비라고 생각했던 헤르만 라우슈닝도 나중에는 그 신비한 효과를 인정했다. "행진은 사람의 생각을 딴 데로 돌린다. 행진은 생각을 없앤다. 행진은 개성을 죽인다."[48]

행동을 촉구하는 대중운동은 좌절한 사람들에게 열렬한 호응을 일으킨다. 좌절한 사람들은 행동이 자신들을 괴롭히는 모든 것의 특효약이라고 생각하기 때문이다. 행동은 자기를 잊게 만들고 목표의식을 부여하며 자신이 가치 있는 존재라는 의식을 심어준다. 그도 그럴 것이 좌절은 주로 행동을 할 수 없는 상황에서 나오며, 좌절감을 가장 뼈저리게 느끼는 사람은 행동하는 삶에 적합한 재능과 기질을 타고났으나 상황 탓에 빈둥거리며 다 썩혀버릴 수밖에 없는 이들이다. 그것이 아니라면 레닌이나 트로츠키나 히틀러 같은 인물들이 인생의 전성기를 카페며 회의실에 죽치고 앉아 장황하게 떠들다가 불현듯 자신이 그들 시대에 가장 능력 있고 지칠 줄 모르는 행동가임을 깨달았다는 놀라운 사실을 무어라 설명하겠는가?

99

신념은 사람이 행동에 나설 수 있도록 영혼을 조직하고 단련시킨다. 자신이 오직 하나뿐인 진리를 간직했다고 믿는 것. 자신의 공평무사한 정당함을 한치도 의심하지 않는 것. 신이 되었건 운명이 되었건 역사의 법칙이 되었건 아무튼 어떤 미지의 힘이 자신을 지켜준다고 믿는 것. 자신의 적수가 악의 화신이어서 박살내지 않으면 안 된다고 믿는 것. 자기를 버리고 임무에 헌신하는 삶에 환희를 느끼는 것. 이 모든 것이 어떤 분야에서든 무정하고 단호한 행동을 취하게 만들 귀한 자질이다. 성가를 읊조리는 병사, 개척자, 사업가, 나아가서는 운동선수까지 모두 만만치 않은 존재임을 증명한 사람들이다. 혁명적 열정, 민족적 열정도 이와 비슷한 효과를 발휘하여 생기 없고 타성에 빠진 사람들을 투사요 건설가로 변화시킨다. 이것이 후진국과 정체된 국가들의 근대화를 위해 대중운동이 없어서는 안 될 또 하나의 이유다.

하지만 맹신자가 행동하는 삶에 각별히 적합하다는 사실은 대중운동의 앞길에 도움이 되는 만큼 위험한 요소가 되기도 한다. 열광적인 행동을 광범위한 분야로 열어젖힘으로써 대중운동은 그 종말을 앞당길 수도 있다. 성공적인 행동은 그 자체가 하나의 목표가 되곤 한다. 모든 활기와 열정이 그 행동으로 모아지기 때문이다. 신념과 숭고한 대의는 궁극의 목표이기는커녕 행동이라는 기계의 윤활유밖에 되지 못한다. 맹신자가 승승장구하게 되면 자신감을 얻고 자기와 현재와 화해하게 된다. 그는 자신을 잊고 조직과 하나되며 자기 것이라고는 의지도, 판단력도, 책임도 없는 어떤 익명의 분자가 되는 것을 더 이상 구원으로 여기지 않는다. 그는 자신의 가치를 증명하고 자신의 우월함을 단언하는 '행동'을 통해서 구원을 추구하며 발견한다. 행동이 자기 실현으로 나아가지는 못하지만, 그 안에서 얼마든지 자기합리화의 근거를 구할 수 있다. 그가 여전히 신념에 매달려 있다면, 그것은 자신감을 과시하고 자신의 성공을 합법적으로 인정받기 위해서일 뿐이다. 이렇듯 계속되는 성공의 맛은 집단 정신에 치명적이다. 행동에 열중하는 민족은 종교적인 성향이 약하고 혁명적이지 않으며 맹목적인 애국주의 성향을 잘 보이지 않는다. 앵글로색슨 민족이 사회적으로 안정돼 있고 정치와 종교에 관용적인 태도를 견지할 수 있는 것은 어느 정도는 그들에게 행동할 의지와 기술과 기회가 상대적으로 풍부한 덕분이다. 그들에게는 행동이 대중운동을 대신하는 셈이다.

물론 심각한 공황이나 패전 등으로 행동할 방도가 완전히 막히면서 강한 좌절감을 겪게 된다면 아무 대중운동이라도 전파에 나서는 순간 급시에 퍼져나갈 수도 있다. 제1차 세계대전 직후 독일에서 사태가 폭발적으로 전개된 데는 행동을 위한 만반의 태세가 되었다고 느끼는 국민들이 아무것도 할 수 없이 위축되어야 했던 상황이 어느 정도 원인이 되었다. 히틀러가 그런 그들에게 대중운동을 준 것이다. 그러나 아마도 그보다 더 중요한 것은, 히틀러가 그들에게 열광적이면서 부단하고 장엄한 행동을 쏟을 기회를 무한히 제공했다는 점일 것이다. 독일 국민이 그를 구원자로 칭송한 것도 무리가 아니다.

의심

IOO

좌절한 마음이 내뿜는 그 쓰디쓴 분비물은 비록 주성분은 두려움과 앙심일지언정 적의와 불평불만을 품은 사람들을 하나로 똘똘 뭉치게 하는 놀라운 점착제가 된다. 의심도 이 쓰디쓴 분비물의 한 성분이며, 이 또한 단결의 매개 구실을 할 수 있다.

좌절한 사람이 자신의 결점과 단점을 의식하게 되면 다른 사람한테서 앙심과 열등감을 찾는 쪽으로 기운다. 아무리 미약한 수준일지라도 자기경멸을 느끼는 사람은 타인의 불완전함을 예리하게 포착한다. 사람은 대개 타인에게서 자신이 숨기고 있는 결점을 찾기 위해 애쓴다. 따라서 좌절한 사람들이 대중운동으로 모였을 때는, 의심의 기운이 만연하다. 흘끗흘끗 엿보고 고자질하고 물 샐 틈 없이 감시하며 자신이 감시당하고 있다는 긴장감이 팽배하다. 놀랍게도 이러한 계급 내의 병리학적 불신은 충돌을 낳기는커녕 엄격한 복종으로 나아간다. 자신이 끊임없이 감시당하고 있음을 아는 사람들은 명령받은 행동과 견해를 열심으로 고수함으로써 의심으로부터 벗어나기 위해 안간힘 쓴다. 엄격한 정교파는 열렬한 신앙의 결과물인 만큼 상호 의심의 결과이기도 하다.

대중운동은 의심을 지배 도구로 폭넓게 활용한다. 나치당은 일반 당원들에게 그들이 끊임없이 감시당하고 있다고 믿게 해 항상 꺼림칙한 마음과 두려움을 느끼게끔 만들었다.[49] 이웃과 친구는 물론 친척들까지 두려워하게 만드는 것이 모든 대중운동을 관통하는 법칙인 듯하다. 때로는 의혹의 불씨를 꺼트리지 않기 위해서 고의적으로 무고한 사람을 고발하고 희생시키는 경우도 있다. 의심은 일반 당원들 내부의 모든 대립을 외부의 위협적인 적과 연관시킬 때 엄청난 위력을 발휘한다. 이 적—모든 대중운동에 반드시 필요한 악당—은 어디에나 있다. 그는 충성하는 일반 당원들 안팎에서 음모를 꾸민다. 반대자의 입을 통해서 나오는 것은 그의 목소리요, 탈선하는 당원들은 그의 앞잡이다. 운동 내부에서 무언가 잘못된다면, 전부가 그의 소행이다. 의심은 맹신자들의 신성한 의무다. 그는 방해자, 첩자, 배신자가 없는지 물 샐 틈 없이 살펴야 한다.

IOI

집단의 결속은 충성스러운 자들이 서로를 형제처럼 사랑한 결과가 아니다. 맹신자들의 충성은 전체(교회, 당, 국가 등)에 바치는 것이지 동료 맹신자들에게 가는 것이 아니다. 개개인 간의 진정한 충성은 상대적으로 자유롭고 느슨한 사회에서만 가능하다. 아브라함이 여호와에 대한 충성심을 증명하기 위해 기꺼이 외아들을 바치려 했던 것처럼, 광신적 나치 당원이나 공산주의자도 숭고한 대의에 자신을 송두리째 바친다는 의지를 보여주기 위해 언제든 친척과 친구를 희생할 수 있어야 한다. 대중운동은 조직원 개개인의 혈연이나 친지 관계가 조직의 응집력을 떨어뜨리는 것으로 본다. 따라서 조직원들 간의 상호 의심은 조직을 강하게 만드는 데 기여할뿐더러 하나의 필수 조건이라고 말해도 무방하다. "강한 신념과 강한 열정으로 뭉친 사람들을 하나로 묶어놓으면 이들은 서로를 의심의 눈으로 지켜보며 그런 행동 속에서 힘을 얻는다. 조직의 구성원들이 서로 의심하다 보면 서로를 두려워하게 되어 구성원들이 철통같이 뭉쳐 이탈이 방지되며, 의지가 박약해질 때면 서로가 버팀목이 되어준다."[50]

진짜 대중운동이 무서운 것은, 이 운동으로 인해 자기희생을 감행하게 되면 우리의 본성을 제한하고 억누르는 일련의 도덕의식도 함께 희생하게 된다는 점이다. "우리의 열의가 증오심, 잔혹성, 야망, 탐욕, 비방하기 좋아하는 성향, 저항하는 성향을 촉진할 때 기적을 만들어낸다."[51]

단결의 효과

IO2

철통같은 단결은 자발적 투항이나 설득, 강요에 의해서건 스스로 필요해서건 혹은 뿌리 깊은 습관에 의해서건, 아니면 이 전부가 결합된 결과물이건, 결속력에 이바지하는 성향과 태도를 강화하는 경향이 있다. 우리는 앞서 단결이 증오(77항)와 모방 능력(82항)을 강화한다는 것을 살펴보았다. 단결한 개인이 아직까지는 자율적인 상태의 잠재적 맹신자보다 남에 말에 잘 속고 더 순종적인 것도 사실이다. 조직의 지도자가 증오를 최고조로 유지하고 모방과 무조건적인 믿음을 고무하며 복종을 추구하는 것은 사실이지만, 단결된 행동 그 자체가 지도자의 능수능란한 조종 없이도 단결의 동인이 되는 반응을 촉진한다는 사실은 변하지 않는다.

얼핏 보면 뜻밖의 이야기로 들릴 것이다. 단결의 요인으로 가장 흔한 것은 좌절한 개인이 쓸모없는 자신, 그 견딜 수 없는 존재를 혐오하는 심리임을 앞서 살펴보았다. 그러나 응집력 높은 조직에 철저히 동화된 맹신자는 더 이상 좌절감을 느끼지 않는다. 그는 새 정체성, 새 길을 찾은 사람이다. 그는 선택받은 소수로서 누구도 꺾지 못할 권위로부터 지원받고 보호받으며, 이 세상의 주인이 될 운명이다. 그의 심리 상태는 좌절한 사람과는 정반대다. 그러나 내면이 불안하고 긴장한 사람한 테서 나타나는 갖가지 반응이 점차 강하게 드러날 것이다.

조직과 하나된 개인에게 어떤 일이 일어나는가?

개인이 조직에 투신하여 하나가 되는 일은 덧셈보다는 뺄셈 과정으로 보아야 할 것이다. 개인이 어떤 집단에 동화되기 위해서는 개성을 제거해야 한다. 자유로운 선택과 독자적 판단 권한도 박탈당한다. 타고난 적성과 욕구의 많은 부분이 억눌리거나 무뎌져야 한다. 이 모든 것이 빼기다. 더해진 것들—믿음, 희망, 자부심, 자신감—은 본디가 소극적인 요소들이다. 맹신자의 의기양양한 기분은 용기와 지혜의 저수지로부터 흘러나오는 것이 아니라 해방감에서 나오는 것이다. 그는 자율적인 삶이 주는 무의미한 짐으로부터 풀려난 것이다. "우리 독일인들은 무척이나 행복하다. 우리는 자유로부터 자유로워졌다."[52] 그의 행복과 투지는 자신이 더 이상 자신이 아니라는 사실에서 오는 것이다. 누가 자기를 공격하건 그는 상처받지 않는다. 숙적에게 농락당할 때 혹은 견딜 수 없는 상황을 맞닥뜨렸을 때 그가 발휘하는 인내심은 자율적인 개인들의 인내심보다 강하다. 그러나 이 불굴의 힘은 그와 집단 전체를 이어주는 생명줄에 매달려 있다. 자신이 오로지 전체의 일부라고 느끼는 한 그는 무너뜨릴 수 없는 불멸의 존재다. 따라서 그의 열정과 광신은 온통 이 생명줄에 필사적으로 달라붙는다. 궁극의 결속을 추구하는 좌절한 사람의 갈망은 견딜 수 없는 자신으로부터 도피하고자 하는 막연한 열망에 비할 수 없이 강하다. 좌절한 개인에게는 여전히 한 가지 선택권이 남아 있다. 새 인생을 찾기 위하여 어떤 조직의 구성원이 되거나 환경을 바꾸거나 어떤 흥미진진한 과업에 진심으로 헌신하거나 이 가운데 하나를 선택할 수 있는 것이다. 반면에 조직과 하나된 개인에게는 선택의 여지가 없다. 그는 자신이 속한 조직 집단에 완전히 밀착해야지, 안 그랬다가는 낙엽처럼 시들어 없어질 것이다. 파문당한 성직자, 축출당한 공산당원, 변절한 광신적 애국주의자에게 자율적인 삶을 영위하며 마음의 평화를 찾는 날이 오리라고는 생각하기 힘들다. 그들은 새로운 대의를 찾아 새 집단에 투신하지 않고서는 혼자 힘으로 견디지 못한다.

맹신자는 영원히 불완전하며 영원히 불안한 존재다.

103

대중운동이 추종자들에게 개인의 불완전함을 강조하고 영속시키는 방법을 주목해보면 흥미롭다. 신념을 이성 위로 격상시키며, 개인이 자신의 지성을 믿고 의지하지 못하게 한다. 경제적 의존성을 유지하기 위해서 경제력을 중앙에 집중시키고 의도적으로 생활 물자를 부족하게 만든다. 주거 환경이나 공동 구역을 비좁게 만들고 공공 행사에 매일 참여하게 함으로써 사회적 자급력도 억제한다. 학문과 예술, 과학에 대한 무자비한 검열은 창조적인 소수조차 자족적인 삶을 영위할 수 없게 만든다. 교회, 당, 국가, 지도자, 강령에 헌신해야 한다는 당위를 주입하는 것도 불완전한 상태를 영속시킨다. 헌신이란 안팎이 맞물려야 돌아가는, 일종의 소켓이기 때문이다.

이렇듯 대중운동의 분위기 속에서 성장한 사람들은 자기 안에 자립적 존재가 될 가능성이 있을지라도 불완전하고 의존적인 인간형으로 만들어진다. 그런 환경에서 성장한 사람은 좌절 경험이 없고 불만이 없다 해도 자기를 잊고 돌이킬 수 없이 망가진 삶에서 벗어나고자 하는 사람들한테서 나타나는 속성을 보일 것이다.

4

시 작 과 끝

104

대중운동은 대개 지배 체제가 불신받기 전까지는 일어나지 않는다. 이 불신은 권력자의 실책이나 학정의 자동적인 결과가 아니라 불만 있는 지식인들이 의식적으로 노력한 결과다. 불만이 명료하게 표현되지 않거나 불만이 없을 때는 저절로 쓰러져 무너지지 않는 한 아무리 무능하고 타락한 지배 체제라 하더라도 권력을 유지한다. 반면에 생각이나 사상을 명료하게 표현하는 소수의 충성을 얻지 못한다면 가치와 활력이 넘치는 체제라도 폐기될 수 있다.[1]

83항과 86항에서 지적했듯이, 대중운동이 성공하고 영속할 수 있느냐 여부는 무력에 달려 있다. 완전히 무르익은 대중운동은 무자비한 사태로 발전하며, 그 사태를 이끄는 것은 언어란 강압으로 손에 넣은 동의를 자발적인 것으로 위장하는 데 동원하는 도구일 뿐인 무자비한 광신자들이다. 그러나 이 광신자들은 지배 질서가 대중의 신뢰와 충성을 잃고 나서야 앞에 나설 수 있다. 누구나 아는 사실이지만 기존 체제를 약화시키고 대중에게 변화에 대한 생각을 보급하고 새로운 신념에 대한 이해를 높이는 사전 작업은, 무엇보다도 말이나 글을 다루는 사람들만이 해낼 수 있다. 기존 체제가 어느 정도 질서 있게 유지되는 한 대중은 기본적으로 보수적인 입장을 지킨다. 그들은 개선은 생각할 수 있지만 근본적인 혁신은 생각하지 못한다. 대중의 눈에 광신적 극단주의자는 아무리 뛰어난 언변으로 사람을 사로잡아봤자 위험하고 음모적이며 현실을 모르는 사람, 심지어는 정신 나간 사람일 뿐이다. 대중은 그의 말을 들으려 하지 않는다. 레닌 자신도 토대가 마련되지 않은 곳에서는 공산주의자들이 "대중에게 접근하기 힘들고 …… 말을 듣게 하는 것조차 어렵다"[2]고 인정했다. 게다가 권력은 아무리 무기력하고 관대하다 해도 광신자들의 전술 활동에 난폭하게 대응한다. 때로 그런 활동이 권력에 이익이 되기도 하는데, 말하자면 그것이 새로운 활력이 되는 것이다.

지식인의 경우에는 사정이 다르다. 대중이 그의 말을 경청하는 것은 그의 말이 아무리 긴박한 사안이라 하더라도 곧장 결과로 이어지지 않는다는 것을 알기 때문이다. 권력은 그를 무시하든가 극단적이지 않은 방법으로 그의 입을 막든가 한다. 이렇듯 지식인은 겉으로 드러나지 않게 기존 체제의 토대를 잠식해 들어가며 권좌에 있는 자들에 대한 신뢰를 떨어뜨리고 사람들 사이에 퍼져 있는 믿음과 충성심을 무너뜨려 대중운동이 일어나기 위한 기반을 닦는다.

다음 항에서 개략적으로 다루겠지만 지식인과 광신자와 현실적 행동가의 구분은 절대적이지는 않다. 간디와 트로츠키 같은 이들은 처음에는 별로 힘 없는 지식인이었다가 뒤에 가서 행정가나 장군으로 비범한 재능을 발휘했다. 무함마드 같은 이는 지식인으로 출발하여 무자비한 광신자로 변모했다가 끝에 가서는 탁월한 현실 감각을 보여주었다. 레닌 같은 광신자는 연설의 대가였으며 견줄 이 없는 행동가였다. 이렇게 세 유형을 구분해보면 대중운동의 기반 작업은 말이나 글을 다루는 기술이 탁월한 사람들이 가장 훌륭하게 해낸다는 사실, 대중운동이 실질적으로 부화하기 위해서는 광신자의 기질과 재능이 필요하다는 사실, 대중운동이 공고해지는 마지막 단계는 주로 실천적인 행동가들의 몫이라는 사실이 명확해진다.

생각을 명료하게 표현하는 소수의 등장은 혁명의 첫걸음이 될 수 있다. 서구 열강은 적개심에 불을 지핀 방법(1항을 보라)만이 아니라 주로 박애주의적인 교육 활동으로 제 목소리를 낼 줄 아는 소수를 키워냄으로써 자신들마저 미처 깨닫지 못하는 사이에 간접적으로 아시아의 대중운동을 조장했다. 인도와 중국, 인도네시아의 많은 혁명 지도자들은 보수적인 서구 교육기관에서 훈련받았다. 레바논 베이루트의 아메리칸 대학은 신을 깊이 숭배하는 보수적인 미국인들이 운영하고 후원하는 곳으로, 문맹 아랍 세계의 혁명가 양성소다. 중국의 선교사 학교 교사들 가운데 암암리에 중국 혁명의 토대를 마련한 인물들이 있었던 것도 의심할 여지가 없다.

105

지식인에는 성직자, 필경사, 예언자, 작가, 화가, 교수, 학생, 그리고 일반적인 지식인 등 다양한 유형이 있다. 중국에서처럼 읽고 쓰기가 까다로운 기술인 곳에서는 읽고 쓰는 능력만으로도 지식인의 지위를 얻는다. 고대 이집트에서도 상황이 비슷하여 상형문자 기술이 소수의 전유물이었다.

어떤 유형이 되었든 거의 모든 지식인에게 공통적으로 나타나는 뿌리 깊은 갈망이 있는데, 이것이 지배 질서에 대한 그들의 태도를 결정한다. 그것은 인정받고자 하는 갈망, 사회적으로 보통 사람보다 높은, 두드러진 지위에 대한 갈망이다. 나폴레옹은 말했다. "허영이 혁명을 만든 것이다. 해방은 명목일 뿐이었다." 창조적인 사람이건 그렇지 않은 사람이건 지식인이라 하면 모두 마음속에 고칠 길 없어 보이는 불안 감이 자리잡고 있다. 재능이 대단하고 왕성하게 활동하는 지식인조차 영원히 자신을 믿지 못하여 날마다 자신의 가치를 다시 증명하지 않으면 못 견뎌하는 듯하다. 어쩌면 드 레뮈사가 티에르〔1797~1877. 제3공화국의 초대 대통령을 지냈던 프랑스의 정치가이자 역사가—옮긴이〕에 대해 한 말이 지식인을 잘 설명해주는 듯하다. "그는 야망보다 허영심이 훨씬 더 큰 인물이다. 그는 복종보다 성찰을 선호하며, 권력 자체보다는 권력의 외양을 선호한다. 그에게 쉴 새 없이 조언을 구하되 실제에서는 당신 하고 싶은 대로 하라. 그는 당신이 어떤 조치를 취하느냐보다는 자신을 얼마나 존경하는지를 더 신경 쓸 것이다."[3]

　사회비판적인 지식인이라면 거의 예외 없이 일생에 한 번쯤은 권력자가 보내는 경의나 회유의 제스처에 넘어가 그들 편에 서는 순간이 있다. 어떤 단계에서는 대부분의 지식인이 시류에 기꺼이 영합하는 아첨꾼이 된다. 예수는 지배층인 바리새 종파가 그를 랍비로 인정하여 공경된 자세로 그의 가르침을 새겨들었다면 새 복음을 설교하지 않았을지도 모른다. 루터가 제때에 주교직을 받았더라면 종교개혁에 대한 열정은 가라앉았을지도 모른다. 카를 마르크스가 젊은 날 작위와 정부 요직을, 그리고 라살이 작위와 판사복을 받았더라면, 프로이센의 지도자가 되었을 수도 있다. 자기 철학과 행동 방침을 갖춘 지식인은 이를 고수하며 어떠한 감언이설과 유혹에도 넘어가지 않을 가능성이 높은 것이 사실이다.

저항하는 지식인이 아무리 자신은 짓밟히고 상처 입은 자들을 위해 싸우는 것이라고 믿어도 그를 살아 움직이게 하는 분노는 거의 예외 없이 자신의 사적인 감정이다. 그의 연민은 대개 군림하는 권력을 향한 증오심에서 나온 것이다.[4] "자신과 관계 있고 없고를 떠나서 일반 대중의 불행과 고통을 차마 견디지 못하는 인류애를 지닌 사람은 극히 예외적인 소수의 사람들뿐이다."[5] 소로는 이 사실을 극히 잔인하게 언명한다. "그 개혁가를 그토록 슬프게 하는 것은 비탄에 빠진 동지들에 대한 연민이 아니라 그 자신의 사적인 번민이라고 나는 믿는다. 그 비록 신의 성스러운 아들이나 번민에서 헤어나온다면 …… 변명 한마디 없이 그 이기심 없는 제자들을 저버릴 것이다."[6] 권력자로부터 뛰어난 기량을 제대로 인정받은 지식인에게는 보통 약자를 버리고 강자 편에 설 온갖 고상한 이유가 다 떠오른다. 처음 기성 교회를 부정할 때 "가난하고 평범한 민중"[7]에 대해 마음 절절하게 말하던 루터라는 작자는, 독일의 어린 군주들과 동맹을 맺자 이렇게 공언했다. "하느님께서는 저 어중이떠중이들의 폭동이 제아무리 정당한들 그를 용인하시느니 사악한 정부일지언정 살아남기를 바라실 겁니다."[8] 군주들과 귀족들에게 후원을 받았던 버크라는 자는 "돼지 같은 대중"을 논하면서 빈곤층에게 "인내, 노력, 침착, 검약, 종교"[9]를 권했다. 나치 독일과 볼셰비키 러시아에서 대접받고 호사를 누리던 지식인들에게 무자비한 지도자들과 비밀경찰에 맞서 박해받고 위협당하던 민중의 편에 선다는 것은 꿈에도 생각할 수 없는 일이었다.

106

어디가 되었건 제 역량을 넘어서 버티고 있는 체제를 보면 교육받은 계급이 전무하거나 권력층과 지식층의 유대가 돈독하거나, 둘 중 하나다. 교육받은 사람이 전부 성직자인 곳에서는 교회가 난공불락이다. 교육받은 사람이 전부 관료이거나 이들에게 높은 지위가 인정되는 곳에서는 지배 체제에 대한 저항운동을 크게 우려하지 않아도 된다.

가톨릭 교회는 10세기 교황 요한 12세 시기에 가장 밑바닥으로 가라앉았다. 이 시기에 가톨릭 교회는 종교개혁 때보다 훨씬 더 타락하고 무능했다. 그러나 10세기에는 교육받은 사람이 모두 성직자였고, 15세기에는 인쇄와 종이의 발명으로 교육이 더는 교회의 전유물이 아니었다. 종교개혁의 전위가 된 것은 성직자가 아닌 인본주의자들이었다. 교회와 가까운 학자들이나 이탈리아의 경우처럼 교황의 후원을 만끽하던 사람들은 "성직의 남용을 포함하여 기성 체제에 속하는 모든 것에 관용적인 태도를 보였으며, 하층민이 아무리 미신을 믿는 무지한 상태로 방치돼 있더라도 괘념하지 않았다."[10]

중국 왕조의 안정은 고대 이집트가 그랬듯이 관료계급과 문인계급의 밀접한 결탁 덕분이었다. 중국 역사상 왕조가 건재하던 시기에 효력을 발휘했던 유일한 대중운동인 태평천국의 난이 국가 최고위 관리를 선발하는 과거에 거듭 실패했던 한 학자로부터 출발했다는 사실도 흥미롭다.[11]

로마제국이 오래 지속될 수 있었던 것은 로마 통치계급과 그리스 문인들이 착실하게 협력 관계를 유지했던 점이 어느 정도 작용했다. 정복당한 그리스인들은 자신들이 정복자들에게 법과 문명을 알려주었다고 여겼다. 서기 67년 헬라스를 과하게 찬미했던 몰골 사납고 타락한 네로 황제가 그리스를 방문했을 때 얼마나 열렬히 환영받았는지 보면 당황스러울 지경이다. 그리스인들은 네로를 진심으로 동료 지식인이자 예술가로 여겼다. "그의 눈과 귀를 즐겁게 하기 위해 모든 경기를 한 해에 몰아서 개최했고, 모든 도시가 그에게 우승 상품을 보냈다. 위원회는 끊임없이 시중을 들었고 가는 곳마다 노래를 불러달라고 애원했다."[12] 그러자 네로는 이스트미아 경기에서 그들에게 특전을 안기고 그리스의 자유를 선언했다.

『역사의 연구』에서 A. J. 토인비 교수는 알렉산드리아의 클라우디

우스가 카이사르가 이집트 땅에 발을 디딘 지 거의 5백 년이 지나서 로마를 찬양하며 쓴 라틴어 육보격 시를 인용하면서 원통해하며 이렇게 덧붙인다. "영국의 인도 식민지 총독이 많은 면에서 로마제국보다 훨씬 자애롭고 인정 많은 기관이었음을 증명하기는 쉽겠지만, 힌두스탄의 어떤 알렉산드리아에서도 클라우디우스 하나를 찾기란 쉽지 않을 것이다."[13] 영국이 인도에서 니잠(왕조), 마하라자(황제), 나와브(귀족)를 키우는 대신에 인도 지식인들의 마음을 사려 하고 그들을 평등하게 대우하고 활동을 격려하고 호화로운 생활을 허락했다면 영국은 어쩌면 식민지 통치를 무한히 유지했을 수도 있다. 그러나 실제로 인도를 통치한 영국인들은 어떤 나라의 지식인들하고도 의기투합할 소양이 되지 못했고 인도에서는 더더욱 아니었다. 그들은 대영제국이 근본적으로 우월하다는 신념으로 똘똘 뭉친 행동가들이었다. 대다수는 인도의 지식인들을 인도 사람이라는 이유로, 또 책상물림이라는 이유로 경멸했다. 인도의 영국인들은 행동의 영역을 자신들만의 것으로 지키고자 했다. 그들은 인도인이 공학자나 농학자나 기술자가 되는 것을 적극 장려하지 않았다. 그들이 세운 교육기관들은 '비실용적' 학자만 육성했으며, 이 제도가 영국의 통치를 공고히 지켜주기는커녕 오히려 종말을 앞당겼다는 것은 운명의 장난처럼 느껴진다.

영국이 팔레스타인에서 실패한 것은 어느 정도 전형적인 영국 식민지 관료들과 지식인들 사이에 상호 신뢰가 없었던 점이 원인이 되었다. 팔레스타인에 거주하던 다수의 유대인은 행동가들이었지만 지식인적 훈육과 전통으로 인해 작은 과실 하나에도 반응하는 예민한 사람들이었다. 그들은 유대인을 사내답지 못하고 배은망덕한 투덜이 무리—영국이 보호막을 거두는 순간 호전적인 아랍인들에게 손쉬운 먹잇감이 될 무리—로 여기는 영국인 관료의 경멸적인 태도에 자존심이 상했다. 팔레스타인의 유대인들은 경험과 지적 능력, 양쪽 방면에서 다 질 떨어지는 관료들이 자신들을 통치한다는 사실에도 분개했다. 줄리언 헉슬리나 해럴드 니컬슨 또는 리처드 크로스먼 같은 자질을 갖춘 영국인이었다면 팔레스타인을 제국의 권역 안에 남겨두었을 가능성도 없지 않다.

볼세비키와 나치의 사회제도는 지식인과 국가의 숙명적인 관계를 명백하고 예리하게 인식하고 있다. 러시아에서는 문인과 예술가, 학자들이 통치 집단과 동등한 특권을 누린다. 그들은 모두가 고위급 공무원들이다. 그들은 당의 노선에 복종해야 하는 처지이나, 이 점은 다른 엘리트들도 마찬가지다. 모든 학문을 엘리트의 전유물로 만들어 자신이 상상하는 세계제국을 지배하고 익명의 대중은 근근이 글이나 읽는 수준으로 남겨두려 했던 히틀러의 계획에는 악마적 사실주의가 담겨 있다.

107

18세기 프랑스 지식인들은 대중운동의 선봉에 서는 지식인의 모범으로 친숙하다. 대부분의 대중운동이 발생하기 전 얼마간은 다소 비슷한 양상을 띤다. 종교개혁의 토대를 마련한 것은 민중이 읽는 소책자를 통해 성직자를 풍자하고 비난해온 사람들, 로마교황청과 싸워 그 명성에 손상을 입힌 요한 로이힐린 같은 문인들이었다. 로마 세계에서 기독교가 신속히 퍼져나갈 수 있었던 것은 로마제국이 몰아내고자 했던 이교의 인기가 바닥에 떨어진 상태였다는 사실이 작용했을 것이다. 이교가 인기를 잃은 것은 기독교 탄생 전후로 해서 이단 숭배의 유치함에 진력이 난 그리스 철학자들이 학교며 저잣거리에서 그들을 비난하고 조롱해온 덕분이다. 기독교는 유대교를 거의 누르지 못했는데, 유대 지식인들이 유대교에 열렬히 충성했기 때문이다. 학교와 책이 신전과 조국을 대신하던 당시 유대인의 삶에서 랍비들과 그 제자들은 고귀한 신분을 누렸다. 지식인의 영향력이 그 정도로 압도적인 사회 구조 속에서는 어떤 반대파도 나타날 수 없으며 어떤 외래의 대중운동도 기반을 구축하지 못한다. 현대의 대중운동은 사회주의운동이건 민족주의운동이건 다를 바 없이 시인, 작가, 역사가, 학자, 철학자 같은 지식인이 앞장섰다. 지식인 이론가와 혁명운동의 관계를 굳이 강조할 필요는 없다. 그러나 (프랑스 혁명의 애국주의 열기에서 최근 인도네시아의 민족운동까지)

모든 민족주의운동이 행동가가 아니라 비판적인 지식인에 의해서 잉태된 것도 마찬가지로 사실이다. 애국의 기둥으로 여겨지는 군인, 자본가, 지주, 사업가는 운동이 현행 사안이 된 뒤에야 운동에 가담하는 지각자들이다. 모든 민족주의운동이 초창기에 가장 공들이는 일은 이들 장래 애국의 기둥들을 설득하여 자기 편으로 만드는 것이다. 체코의 역사가 팔라츠키는 자신과 친구 몇이 모인 식당 천정이 어느날 밤에 무너졌다면 체코 민족주의운동은 없었을 것이라고 말했다.[14] 모든 민족주의운동의 발단에는 그렇게 소수의 지식인들이 있었다. 독일의 지식인들이 독일 민족주의를 창시했다면 유대 지식인들은 시온주의를 창시했다. 지식인들이 아무리 느슨할지언정 자신이 속한 계급이나 (인종, 언어, 종교 따위로 묶인) 공동체가 굴욕을 당할 때 지나치게 민감하게 반응하는 것은 고귀한 신분에 대한 지식인들의 뿌리 깊은 갈망이다. 피히테를 위시한 독일 지식인들이 독일 대중을 향해 유럽을 지배할 하나의 강력한 국가로 단결하자고 촉구하게 된 계기는 나폴레옹의 독일, 특히나 프로이센 모독이었다. 테오도르 헤르츨과 유대 지식인들의 시온주의는 러시아의 수백만 유대인이 모욕당하고 19세기 후반 유럽 대륙 나머지 지역의 유대인들이 중상모략에 시달린 결과물이다. 영국의 식민 통치자들을 인도에서 몰아낸 민족주의운동도 어느 정도는 깡마른 안경잡이 인도 지식인이 남아프리카에서 당한 모욕이 발단이었다고 할 수 있다.

108

비판적 지식인이 끈질긴 조롱과 비난을 통해 대중들 사이에 지배적인 민음과 충성심을 뒤흔들고 변화의 사상을 불어넣는 과정은 쉽게 이해된다. 그러나 통념과 기존 질서에 대한 불신이 열광적인 새로운 신념을 발생시키는 과정은 그렇게 알기 쉽지 않다. 왜냐하면 놀랍게도 "구질서의 근본을 측량하여 그 권위와 정의의 결핍 정도를 표시하는"[15] 투쟁적 지식인이 마련한 토대가 개인의 자유를 존중하는 사회가 아니라 단결과 맹목적 믿음을 극도로 소중히 여기는 조직 사회로 나아가는 경우가 많기 때문이다. 이렇듯 불신과 불경이 널리 퍼지면 뜻밖의 결과로 이어지는 경우가 다반사다. 르네상스의 불경은 종교개혁과 반종교개혁이라는 새로운 광풍의 서막이었다. 교회와 국왕의 정체를 폭로하고 이성과 관용을 설파한 프랑스의 계몽주의자들은 꺾일 줄 모르는 혁명과 민족주의 광풍을 폭발시켰다. 마르크스와 그의 추종자들은 종교와 민족주의와 맹렬한 영리 추구를 불신했는데, 대신 사회주의와 공산주의, 스탈린의 민족주의와 세계 지배 욕망이라는 새로운 광풍을 일으켰다.

광적인 믿음이나 편견의 정체를 폭로하는 것으로는 광신적 행동의 뿌리를 건드리지 못한다. 그렇게 해서는 어떤 지점에서 새어나오는 것을 겨우 막을 뿐, 오히려 다른 지점으로 새어나가는 결과를 낳을 수 있다. 이렇듯 투쟁적인 지식인은 지배적인 믿음과 충성심을 꾸짖음으로써 부지중에 환멸에 빠진 대중에게 신념에 대한 갈망을 키운다. 대다수의 사람들은 무언가에 열정적으로 헌신하거나 자기를 잊은 채 무언가를 열정적으로 추구하지 않는 한 자신이 쓸모없고 무의미한 존재라는 느낌을 견디지 못하기 때문이다. 그리하여 세상을 조롱하는 지식인은 자기도 모르는 사이에 새로운 신념의 선구자가 된다.

진정한 지식인은 절대적 진리에 대한 신념 없이도 잘 지낼 수 있다. 그는 진리를 추구하는 행위를 진리 자체만큼이나 소중히 여긴다. 그는 생각의 충돌과 주고받는 논쟁에서 즐거움을 얻는다. 지식인이 하나의 철학과 행동 강령을 창안했다면, 그것은 행동 방침과 신조라기보다는 빼어난 논리 능력을 보여준 것이라고 보아야 한다. 그는 허영심으로 인해 가혹한 언어를 구사하며 심지어는 독설을 쏟아붓기도 한다. 그러나 그는 대개 믿어달라고 호소하지 않고 이성적으로 사고할 것을 호소한다. 하지만 열광하는 대중, 신념에 주린 대중은 그의 주장에 성서와 같은 확신을 부여할 것이며, 그것을 새로운 믿음의 근원으로 삼을 것이다. 예수는 기독교 신자가 아니었으며, 마르크스도 마르크스주의자가 아니었다.

요약하자면 투쟁적인 지식인은 다음과 같은 방식으로 대중운동이 일어날 토대를 마련한다: 1) 지배적인 신조와 체제를 불신하고 그로부터 민중의 충성심을 떼어낸다. 2) 새로운 신념이 제창되었을 때 환멸에 빠져 있던 대중 사이에서 열렬한 호응이 나오도록, 신념 없이 살아갈 수 없는 사람들 가슴속에 신념에 대한 갈망을 간접적으로 심어넣는다. 3) 새로운 신념의 강령과 구호를 갖춘다. 4) "더 양호한 사람들"—신념 없이도 잘 지낼 수 있는 사람들—의 양심을 잠식하여 새로운 광풍이 출현했을 때 저항할 힘이 없게 만든다. 이들은 신념과 원칙을 위해 죽는다는 것을 이해하지 못하여 새 질서에 덤비지 않고 투항할 것이다.[16]

그리하여 그 빈정대는 지식인이 자신의 임무를 완수했을 때,

> 선한 자들은 모든 신념을 잃었고, 악한 자들은
> 강렬한 열정으로 충만하다.
> 틀림없이 어떤 계시가 임박했다.
> 틀림없이 재림이 임박했다. [17]

이제 광신자들은 만반의 준비가 되었다.

109

대중의 행동에 의해 구질서가 무너지는 것을 볼 만큼 오래 산 지식인 선구자들은 대중운동의 역사에서 비극적인 인물이 되는 경우가 적지 않다.

대중운동, 그중에서도 혁명운동이 타락하고 압제적인 독재자를 전복하여 행동과 언론과 양심의 자유를 획득하자는 대중의 결의에서 태어난다는 인상을 주는 것은 구체제와 소규모 접전을 벌이는 지식인 선구자들이 시끄럽게 떠드는 언어 탓이다. 대중운동이 일어날 때 그들이 몰아내려는 구질서보다 개인의 자유가 더 적게 구현되는[18] 것은 대개 운동이 어떤 결정적 단계에 이르렀을 때 권력에 주린 무리가 그 운동을 중간에 나꿔채고는 대중에게 이제 곧 자유가 싹틀 것이라고 속여넘기는 일이 발생하기 때문이다. 하지만 정작 이 과정에서 속아넘어가는 것은 지식인 선구자들뿐이다. 선구자들은 구질서에 반대하여 일어나며 그들의 비이성과 무능을 비웃고 그들이 정통성을 상실한 포악한 체제임을 고발하고 표현의 자유, 자기 실현의 자유를 요구한다. 지식인 선구자들은 대중이라면 당연히 자신들의 외침에 호응하며 자기네 뒤에 서서 같은 것을 요구할 것이라고 여긴다. 하지만 대중이 갈망하는 자유는 자신의 생각을 표현하고 자기를 실현할 자유가 아니라 자율적인 삶이라는 견딜 수 없는 부담으로부터의 자유다. 그들이 원하는 자유는 "자유로운 선택이라는 공포스러운 부담"[19]으로부터의 자유, 무능한 자기를 실현하며 그 결과가 잘못되었을 경우 자기가 책임을 져야 한다는 곤란한 부담으로부터의 자유다. 그들이 원하는 것은 양심의 자유가 아니라 확신―맹목적인, 권위에 대한 확신―이다. 그들이 봉기하는 것은 구체제가 사악해서가 아니라 무능하기 때문이다. 압제 때문이 아니라 그들을 흔들림 없는 강력한 하나의 전체로 만들지 못하는 무력함 때문이다. 지식인 선동가는 구질서의 비열함을 납득시키기보다는 구질서의 무력함과 무능함을 폭로할 때 설득력을 갖는다. 대중운동의 직접적인 결과는 대개 사람들이 원하는 바와 일치한다. 대중은 이 과정에서 속아넘어가지 않는다.

대중운동의 산파였던 지식인들이 거의 예외 없이 비극적 운명을 맞는 이유는 아무리 단결된 노력을 역설하고 찬미한들 본질적으로 그들이 개인주의자라는 사실에 변함이 없기 때문이다. 그들은 개인의 행복을 믿으며 개인이 자신의 의견을 갖고 스스로 책임있는 결정을 내리는 것이 정당하다고 믿는다. 그러나 대중운동이 굴러가기 시작하면 권력은 개인을 신뢰하지도 존경하지도 않는 자들의 손으로 넘어가게 마련이다. 그런 자들이 득세할 수 있는 것은 개인을 경시하는 태도로 인해서 얼마든지 무자비해질 수 있기 때문이라기보다는 그런 태도가 대중의 주된 정서와 전적으로 일치하기 때문이다.

16

광신자

110

때가 무르익었을 때는 오직 광신자만이 진정한 대중운동을 부화시킬 수 있다. 광신자 없이는 투쟁적 지식인이 만들어놓은 불만이 방향을 잃고 무의미하게 발산되어 무질서 상태에서 벗어나지 못할 것이고 쉽게 제압되고 말 것이다. 광신자 없이는 이미 시작된 개혁이 아주 극적으로 전개된다 해도 기존의 삶의 방식을 변화시키지 못하고, 체제에 변화가 생기더라도 보통 한 무리의 행동가에서 다른 무리로 권력이 이양되는 것 이상은 되지 못할 것이다. 광신자 없이는 어쩌면 새로운 시작이 없을 수도 있다.

구질서가 무너지기 시작하면 오랜 세월 이 날이 오기를 간절히 바라고 큰소리치던 많은 지식인들이 겁 먹고 움츠러든다. 무정부의 얼굴을 흘깃 보기만 해도 겁에 질려 혼비백산한다. 그들은 '가난하고 단순한 민중'에 대해 자기 입으로 떠들어왔던 모든 것을 잊어버리고 부랴부랴 폭도를 다룰 줄 알고 혼돈의 조수를 저지할 줄 아는 힘 있는 행동가—군주, 장군, 행정가, 은행가, 지주—를 찾아 도움을 청한다.

광신자는 그렇지 않다. 혼돈이야말로 그의 본령이다. 구질서에 금이 가기 시작하면 그는 앞뒤를 가리지 않고 혼신의 힘을 다하여 비판받는 현재 전체를 하늘 높이 날려버린다. 그는 세계가 돌연히 막 내리는 광경을 찬미한다. 개혁 따위는 날려버려! 이미 존재하는 모든 것이 쓰레기니, 쓰레기를 개혁한다는 것은 헛소리다. 그는 구악이 풍경을 어지럽히고 있는 한 새로운 시작은 있을 수 없다는 그럴듯한 주장으로 자신의 무정부 의지를 정당화한다. 그는 겁먹은 지식인들이 아직까지 도사리고 있다면 그들을 힘껏 밀쳐낸다. 하지만 여전히 그들이 창안한 강령을 칭찬하고 그들이 만들어낸 구호를 따라 외친다. 오직 광신자 그만이 행동하는 대중의 가슴속 가장 깊은 열망을 안다. 바로 소속되고자 하는 열망, 다수의 결집에 대한 열망, 강력한 전체라는 위엄 넘치는 장관 속에서 저주받은 개인으로서의 존재를 해체하고자 하는 열망이 그것이다. 후세가 왕인즉, 운동 안팎에서 현재에 안주하고 매달리는 자들에게

화 있을진저.

광신자들은 어디에서 오는가? 대부분은 창조적이지 못한 지식층에서 나온다. 지식인 계층을 나누는 가장 중대한 기준은 창조적인 작업에서 성취감을 얻는 지식인과 그렇지 못한 지식인이다. 창조적인 지식인은 현 체제를 아무리 통렬하게 비판하고 비웃건 간에 실상은 현재에 애착을 갖고 있다. 그의 열정은 개혁이지 파괴가 아니다. 대중운동이 자신의 생각과 완전히 일치할 때면, 그것을 온건한 일로 바꾸어놓는다. 그가 주도하는 개혁은 표면적이며, 상황은 급정거 없이 흘러간다. 그러나 그런 발전 단계가 가능한 것은 대중의 무정부적 활동이 본격적으로 나타나지 않았을 때뿐으로, 그러기 위해서는 구질서가 저항 없이 투항하거나 아니면 혼돈이 격발하는 순간 지식인이 힘 있는 행동가와 결탁해야 한다. 구질서와의 투쟁이 가혹하고 혼란스럽고 오로지 극도의 단결과 자기희생만이 승리를 가져올 수 있을 때, 창조적인 지식인은 대개 옆으로 밀려나고 창조적이지 못한 지식인—영원한 부적응자와 현재를 광적으로 증오하는 사람들—이 상황을 좌지우지하게 된다.[1]

위대한 책을 쓰거나 위대한 그림을 그리거나 건축의 걸작을 창조하거나 위대한 과학자가 되고 싶어하는 사람은 이 바람, 내면 깊숙이 자리잡은 이 욕망이 영겁의 세월이 지나도 실현될 수 없음을 잘 알기에 낡은 것이 되었건 새것이 되었건 안정적인 사회 질서 속에서는 마음의 평화를 찾지 못한다. 그는 자신의 삶은 돌이킬 수 없이 망가졌고 이 세계는 영원히 어그러졌다고 여긴다. 그는 혼돈 속에서 비로소 안온하다. 강철 같은 규율에 복종하거나 스스로 강철 같은 규율을 부여하는 것조차 부단한 흐름, 즉 항구적인 변화에 도달하기 위해서 없어서는 안 될 도구에 따르거나 혹은 그 도구를 연마하는 것이다. 그는 변화에 참여할 때만 자유를 느끼며, 그럴 때만이 자신이 성장하고 발전한다고 느낀다. 최종적인 것과 사물의 정해진 질서를 두려워하는 자신과 끝내 화해할 수 없기 때문이다. 마라, 로베스피에르, 레닌, 무솔리니, 히틀러는 창조적이지 않은 지식인 출신의 광신자로서 눈에 띄는 표본들이다. 피터 비어렉은 나치의 거물 대다수가 자신들로서는 실현할 수 없는 예술과 학문에 대한 야망을 품었던 사실을 지적한다. 히틀러는 미술과 건축, 괴벨스는 연극과 소설과 시, 로젠베르크는 건축과 철학, 폰 쉬라흐는 시, 풍크는 음악, 슈트라이허는 미술을 시도했다. "그들 거의가 성공에 대한 세속적 잣대로뿐만이 아니라 스스로의 예술적 기준에서도 실패했다." 그들의 예술적 야망은 "원래 정치적 야망보다도 훨씬 깊었으며, 그들의 성격에서 떼려야 뗄 수 없는 요소였다."[2]

창조적 지식인은 운동이 활발하게 벌어지는 분위기 속에서 안절부

절못한다. 그에게는 이 소용돌이와 광풍에 자신의 창조적 에너지가 다 빨려드는 것처럼 느껴진다. 자기 안의 창조적 물결을 의식하는 한, 그는 수백만 대중을 이끌고 승리하는 것으로는 만족감을 느끼지 못한다. 그 결과, 운동이 굴러가기 시작하면 그는 자발적으로 물러서거나 사람들에 의해 밀려난다. 더군다나 진정한 지식인이라면 자신의 창조적 능력을 철저하게, 장시간 억누를 수 없는 까닭에 불가피하게 이단자의 역할을 할 수밖에 없다. 따라서 창조적 지식인은 현실적 행동가와 동맹함으로써 신생 운동을 진압하거나 혹은 적절한 시기에 죽지 않는다면 은둔자나 망명자 신세가 되거나 총살대와 마주하게 될 것이다.

112

대중운동이 발전하는 과정에서 광신자가 위험한 것은 그가 정착하지 못하기 때문이다. 승리를 거두고 새 질서가 자리잡기 시작하면 광신자들은 긴장과 분열의 요소가 된다. 강렬한 감정을 느끼고 싶어하는 성향이 그를 아직 밝혀지지 않은 불가사의와 아직 열리지 않은 비밀의 문을 찾아나서게 만든다. 그는 계속해서 극단을 모색한다. 그리하여 대부분의 대중운동은 승리 직후에 불화에 휩싸이곤 한다. 어제는 외부의 적과 생사를 건 투쟁에서 출로를 찾았던 격정이 이제는 내부의 격한 논쟁과 당파 간 충돌로 빠져나간다. 증오는 습관이 되어 있다. 외부에 파괴해야 할 적이 더 이상 남지 않은 광신자들은 서로를 적으로 삼는다. 히틀러는 (그 자신이 광신자인지라) 국가사회당의 일반 당원들 가운데 자신에 대항한 음모를 꾸민 광신자들의 심리 상태를 정확히 진단할 수 있었다. 1934년 룀을 제거한 뒤 나치친위대 대장을 새로 임명하면서 히틀러는 정착하려 하지 않는 자들에 대해 말한다. "…… 모르는 사이에 허무주의가 그들 궁극의 신앙고백이 되었다. …… 그들이 느끼는 불안과 동요는 현재의 체제가 어떤 것이 되었건 머릿속에서 끊임없이 어떤 음모가 전개되고 붕괴를 꾀하고 있어야 충족된다."[3] 히틀러는 (독일제국 안팎의) 적대자들을 자주 비난했는데, 이는 일종의 자기 예언이었다. 그 또한 특히 말년에 허무주의에서 "궁극의 철학과 고별사"[4]를 얻었으니 말이다.

광신자들은 상황만 허락한다면 운동을 분파와 이단으로 분열시켜 그 존립을 위태롭게 만들 것이다. 광신자들은 분열을 야기하지 않더라도 불가능한 목표를 시도하게 만듦으로써 운동을 파괴할 수 있다. 현실에 발 디딘 행동가의 등장만이 운동의 성과를 지킬 수 있다.

17

현실에 발 디딘
행동가

113

운동을 개척하는 것은 지식인, 실현하는 것은 광신자, 굳건히 다지는 것은 행동가다.

이 각각의 역할을 상황에 따라 각기 다른 사람이 수행하는 것이 운동에는 유리하며, 어쩌면 운동이 지속되기 위해서는 필수조건일 것이다. 동일한 사람 혹은 같은 사람들(이나 같은 유형의 사람들)이 한 운동의 발단부터 성숙기까지 이끈다면, 보통은 재앙으로 끝나고 만다. 파시즘과 나치 운동, 둘 다 지도자가 계승적으로 교체되지 않았고, 둘 다 재앙으로 끝났다. 히틀러의 운동을 파멸시킨 것은 그의 광신적 기질, 현실에 발 디딘 차분한 행동가로서의 역할에 몰두할 능력이 되지 않는 성향이었다. 히틀러가 1930년대 중반에 죽었다면 두말할 것 없이 행동가 유형인 괴링이 지도자가 되었을 것이며 운동은 살아남았을 것이다.

물론 사람의 성격은 변할 수 있다. 지식인이 진짜 광신자나 현실감각 있는 행동가로 변할 수도 있다. 하지만 그런 변신은 대개가 일시적일 뿐, 조만간 본래의 유형으로 돌아간다. 트로츠키는 본질적으로 지식인이었다. 허영심 강하고 명석했으며 뼛속까지 개인주의자였다. 그러나 격변기 러시아제국의 붕괴와 레닌의 강력한 의지가 그를 광신자 수용소로 밀어넣었다. 내전 중에 그는 조직가요 전략가로서 견줄 바 없는 재능을 보여주었다. 그러나 내전이 끝나면서 긴장이 누그러진 순간, 그는 무자비함과 성난 의심의 눈빛을 걷고 가차없는 무력보다는 언어에 더 무게를 두는 지식인으로 돌아갔고, 그것이 교활한 광신자 스탈린에게 밀려나는 빌미가 되었다.

스탈린은 광신자와 행동가가 결합된 유형이면서도 광신자 경향이 지배적인 인물이다. 그가 벌인 파괴적인 실책들—무분별한 부농 추방, 숙청의 공포정치, 히틀러와의 동맹조약, 작가 · 화가 · 과학자의 창조적 작업에 대한 어설픈 조작 등—은 광신자가 저지를 만한 것들이었다. 광신자 스탈린이 권좌에 있는 동안 러시아인들은 현재의 환희를 누리지 못했다.

히틀러도 기본적으로는 광신자로, 광신적 행적이 행동가로서 이루어낸 놀라운 성취를 훼손한 경우다.

물론 링컨, 간디, 심지어는 F. D. 루스벨트, 처칠, 네루 같이 드문 지도자들도 있다. 그들은 주저없이 사람들의 허기와 공포를 이용하여 자신을 따르게 만들며, 하나의 숭고한 대의를 위해 목숨까지 바치게 만든다. 그러나 히틀러나 스탈린, 심지어는 루터나 칼뱅과는 달리,[1] 그들은 좌절한 영혼이라는 점액을 새 세계 건설의 회반죽으로 삼지 않았다. 이들 드문 지도자들의 자신감은 인간에 대한 믿음에서 나오며, 인간에 대한 믿음과 뒤섞여 있다. 자신이 인류를 명예롭게 대하지 않는 한, 아무도 명예로울 수 없다고 믿기 때문이다.

114

행동가는 대중운동을 자살행위나 마찬가지인 분쟁과 광신자들의 무모함으로부터 지켜낸다. 그러나 행동가의 등장은 대개 대중운동의 역동적 단계가 끝났음을 의미한다. 현재와의 전쟁이 끝난 것이다. 진정한 행동가의 목표는 세계 개혁이 아니라 소유다. 역동적 단계의 생명을 지탱해주는 숨결이 저항과 급격한 변화에 대한 열망이었다면, 최종 단계는 주로 획득한 권력을 집행하고 영속시키는 문제에 집중된다.

행동가의 등장과 함께 대중운동의 폭발적 격정은 봉헌된 제도 속에

방부처리되어 밀봉된다. 종교운동은 계급제와 의례로 구체화되며, 혁명운동은 자경조직과 행정 제도로, 민족운동은 정부 기관과 애국적 제도로 구체화된다. 교회의 제도화는 쇄신의 기풍이 끝났음을 의미하며, 승리한 혁명 조직은 혁명정신과 전술을 청산하고, 신생 국가 혹은 재건된 국가의 정부 조직은 호전적인 애국주의에 종지부를 찍는다. 기관이나 제도는 단결된 행동 양상을 종결시킨다. 제도화된 조직체의 성원들은 일사불란하게 행동하는 것으로 보이지만, 그것은 자발적인 응집체라기보다는 느슨한 집단으로 봐야 한다. 그들의 단결은 조직에 대해 의문의 여지 없이 충성할 때만 가능하다. 자발성은 미심쩍으며, 의무가 헌신보다 높은 평가를 받기 마련이다.

115

행동가가 '성공한' 운동을 인계할 때 주력하는 것은 그 단결력과 자기희생 정신이 지속될 수 있도록 공고하게 다지는 것이다. 그의 이상은 전체가 하나로 단결하여 자동적으로 돌아가는 것이다. 이를 성취하기 위하여 열정에만 의존해서는 안 된다. 열정이란 덧없는 것이기 때문이다. 설득도 결과를 예측하기 어렵다. 따라서 그는 주로 훈련과 강압에 의존하는 쪽으로 기운다. 그는 사람은 다 멍청이라는 말보다는 다 겁쟁이라는 말을 더 신뢰하며, 존 메이너드의 말을 빌리자면 새 질서를 사람들의 가슴이 아니라 목 위에 수립하려 든다.[2] 진정한 행동가는 신념가가 아니라 법률가다.

그럼에도 그는 무에서 강력한 권력 기관을 만들어낸 운동 초창기의 신념과 자발성이 이루어낸 엄청난 성과에 경탄을 금치 못한다. 그 기억은 여전히 생생하다. 그리하여 그는 주로 힘의 설득력에 의지하더라도 새 체제 안에 신념이 주는 감동의 요소를 보존하며 격정적인 선전선동의 흐름이 끊기지 않도록 신경을 곤두세운다. 그의 명령은 경건한 어휘로 이루어지며, 그의 입술에서는 옛 신조와 선전 문구가 쉴 새 없이 흘러나온다. 그는 신념의 상징을 높이 치켜들며, 사람들은 경의를 바친다. 운동 초기의 지식인들과 광신자들에게 영광을 돌린다. 강압의 철권이 전방위적으로 전개되고 기계적 훈련의 중요성이 강조되지만, 충성적인 분위기와 격정적인 선전선동은 강압을 설득처럼 받아들이게 만들며, 자발성과 유사한 습성을 정착시킨다. 새 체제가 초기의 희망과 투쟁이 이루어낸 영광의 성취로 보이게 하기 위해서 노력을 아끼지 않는다.

행동가는 새 체제의 안정과 지속성을 꾀하기 위해서 다양한 방법을 절충적으로 동원한다. 그는 도움이 될 방법이라면 멀고 가까움, 적과 아를 가리지 않고 가져다 쓴다. 심지어는 운동이 시작되기 전의 구체제에서 사용했던 체제 안정 기법을 다양하게 동원하는데, 그러다가 본의 아니게 과거가 재현되기도 한다. 이 단계에 절대군주적 체제가 특징으로 나타나는 것은 순전히 권력에 대한 허기를 보여주는 것일 수 있는 만큼 의도적으로 그런 장치를 도입한 면도 있다고 봐야 한다. 체제가 탄생하는 단계와 쇠망하는 단계에 공히 비잔티움주의〔독재와 관료주의가 두드러지는 정치 체제와 기풍을 일컫는 용어—옮긴이〕가 뚜렷이 드러나는 듯하다. 이는 견고한 정형에 대한 갈망의 표현으로, 아직 형태가 없는 상태에서 형태를 만들어나갈 때나 무너질 것처럼 보이는 것을 지탱할 때 이용할 수 있다. 로마 주교의 무류성을 제기한 것은 교황제가 시행된 초기인 2세기(이레나이우스)와 교황제가 폐기될 듯하던 1870년(비오 9세)이었다.

이렇듯 행동가의 손에서 다듬어지는 체제는 일종의 조각보다. 스탈린의 러시아는 볼셰비즘과 제정 러시아, 민족주의, 범슬라브주의, 독재와 히틀러로부터 차용한 것에 독점자본주의까지 이어붙인, 하나의 조각보였다. 히틀러의 제3제국은 민족주의, 인종주의, 프로이센 정신, 파시즘에서 차용한 독재, 볼셰비즘, 일본의 신도와 가톨릭과 고대 헤브라이 상징을 결합한 복합체였다. 기독교도 마찬가지로, 초창기 몇백 년동안 갈등과 내분을 겪은 뒤 하나의 권위주의적 교회로 확립되었을 때는, 피아, 신구를 가리지 않고 차용하여 이어붙인 하나의 조각보였다. 성직 지배권은 절대군주제를 발전시키고 현존하는 생명과 권능의 모든 요소를 다 흡수하기 위해서 로마제국의 관료제를 본따고 고대 의례의 상당 부분을 차용하는 등 갖은 수단을 다 동원했다.[3]

116

행동가의 손에 들어간 대중운동은 더 이상 개인의 실존적 고뇌와 부담의 도피처가 아니라 야심가의 자기 실현 수단으로 바뀐다. 대중운동이 개인의 출세에 몰두하는 이들에게 거부할 수 없는 매력을 발휘하는 현상은 이제 운동의 성격이 급격히 변화하고 현재와 화해하는 단계에 들어섰음을 시사하는 명쾌한 징후다. 이 출세를 위해 달리는 이들의 유입이 대중운동을 하나의 사업으로 변모하도록 가속도를 올리는 요인임은 분명하다. 유아기 단계의 국가사회주의를 키우던 시절에도 운동의 전 과정을 꿰뚫어보았던 히틀러는, 대중운동의 격정은 ("오직 후세의 눈에만 영광과 명예"일 뿐) 현재가 아무것도 해주지 못할 때만 지속됨을, 그리고 현재에서 최대한 많은 것을 누리고 싶어하는 이들이 몰려들 때 "그 운동의 '사명'은 끝장난 셈"[4]임을 경고했다.

이 단계의 운동은 여전히 좌절한 이들과 결부된다. 대중운동은 이들의 불만을 현재와의 사투에 이용하기 위해서가 아니라 현재와 화해시키기 위해서, 그들을 온순하고 인내할 줄 아는 집단으로 만들기 위해서 존재한다. 그들에게 머나먼 희망과 꿈, 이상향을 보여주는 것이다.[5]

이렇듯 격정적인 시기가 지난 운동은 성공한 자들에게는 권력의 수단
이요 좌절한 이들에게는 아편이 된다.

좋은 대중운동
나쁜 대중운동

역동기 대중운동의 빈곤함

117

이 책은 주로 대중운동의 역동기—맹신자들이 형성하고 압도하는 단계—를 다룬다. 모든 유형의 대중운동이 바로 이 시기에 우리가 이 책에서 개괄하고자 했던 공통된 특징들을 보여준다. 어떤 운동의 본래 목적이 얼마나 숭고했건 그 최종 결과가 얼마나 유익하건 그것이 비등하는 단계는 악질적이지까지는 않더라도 분명 불쾌한 양상을 보일 것이다. 이 단계를 상징하는 광신자는 대개 인간적 매력이 없는 유형의 인물이다. 그는 무자비하고 자기만 옳고 융통성 없고 논쟁적이고 인색하고 무례하다. 숭고한 대의를 위해서라면 언제든 친지를 희생시키기도 한다. 단결과 자기희생 의지는 치솟는 대중운동에 저항할 수 없는 기세와 불가능한 것을 해내게 만드는 힘을 부여한다. 흔들림 없는 단결과 자기희생 의지는 보통 자율적인 개인들이 좋아하고 소중히 여기는 많은 것을 희생함으로써 얻어진다. 아무리 숭고한 신념을 지지하고 아무리 가치 있는 목적을 추구하는 대중운동이라도 역동기가 지나치게 긴 것은 좋지 않으며, 그 운동이 권력을 확실하게 잡은 뒤에도 계속되는 것은 더더욱 좋지 않다. 우리가 유익한 것으로 여기는 운동—종교개혁, 청교도혁명, 프랑스와 미국 혁명, 지난 100년의 다양한 민족운동—은 역동기가 짧은 편이지만, 지속되는 동안에는 크고 작은 광신자의 족적을 남긴다. 자국민과 인류에 이바지하는 대중운동 지도자는 운동을 어떻게 시작해야 하는지는 물론, 간디가 그랬듯이, 언제 역동기를 끝내야 하는지도 간파하고 있다.

대중운동이 여러 세대를 거치는 동안 역동기에 형성된 양식을 여러 세대 보존하는 곳이나 광신적 전향자가 계승함으로 해서 (이슬람의 경우처럼)[1] 그 정통성이 계속해서 강화되는 곳에서, 그 결과는 정체기—암흑기—다. 대중운동과 연관된 진정한 창조적 시기를 살펴보면 거의 항상 역동기에 앞선 시기이거나 역동기가 끝난 뒤였다. 후자의 경우가 좀

더 많은 편이다. 운동의 역동기가 지나치게 길지 않았고 과도한 유혈 사태와 파괴가 벌어지지 않았다면, 역동기가 특히나 갑작스럽게 종료될 때 창조성이 폭발적으로 발현되는 경우가 적지 않다. 이 점은 운동이 (네덜란드 반란〔1568~1648. 네덜란드 17주가 에스파냐에 대항하여 독립을 쟁취한 전쟁―옮긴이〕의 경우처럼) 승리를 거두었을 때나 (청교도 혁명의 경우처럼) 패배로 끝났을 때나 마찬가지인 듯하다. 이런 문화 부흥기가 일어나는 것은 운동의 격정이나 이상 때문이라기보다는 일거에 집단적 기강이 느슨해지면서 개인들이 숨막히는 맹신적 분위기, 현재와 자기를 경멸하는 풍조로부터 해방되기 때문이다. 추종하던 숭고한 대의가 없어짐으로써 상실감을 채우고자 하는 갈망이 창조적 충동이 되는 경우도 있다.[2]

역동기 자체는 아무런 결실을 거두지 못한다. 트로츠키는 "사회적 열정으로 긴장이 높은 기간에는 좀체 성찰과 숙고의 여지가 없다. 혁명기에는 모든 뮤즈가―하체 풍만한, 세속 언론의 뮤즈마저도―고전한다"[3]는 것을 알았다. 반면에 나폴레옹[4]과 히틀러는 그 영웅적 시대에 생산된 문예 작품들의 빈약한 질에 분노하여 자신의 시대가 이루어낸 위업에 값하는 걸작을 만들어내라고 호통쳤다. 대중운동이 끓어오르는 역동기의 분위기가 창조적 정신을 불구로 만든다거나 질식시킨다는 생각은 하지 못한 것이다. 1640년에 전도유망한 시인이었던 밀턴은 주머니에 『실락원』 초고를 넣고 다니면서도 청교도 혁명이라는 "소란과 거친 논쟁의 바다"[5]에서 논설 저술에 열중하느라 20년 동안 완성을 보지 못했다. 결국 혁명이 쇠퇴하고 처지가 비참해진 뒤에 『실락원』, 『복락원』, 『투사 삼손』을 내놓았다.

118

역동기의 대중운동은 창조 과정에 깊이, 그리고 다층적으로 개입한다: 1) 대중운동으로 발산되는 격정이 창조적 작업으로 흘러들어갈 에너지를 고갈시킨다. 격정은 창조성을 허비하는 것과 동일한 효과를 발휘한다. 2) 대중운동은 창조적 작업보다 운동의 발전을 우위에 둔다. 문학, 미술, 과학은 선전선동에 복무해야 하며 '현실적'이어야 한다. 3) 대중운동이 방대한 활동 분야(전쟁, 식민지 사업, 산업화)로 전개될 때 창조력은 또다시 고갈된다. 4) 광신적 심리 자체만으로도 모든 형태의 창조적 활동이 억압된다. 현재를 경멸하는 광신자의 심리 상태가 삶의 복잡함과 소중함을 보지 못하게 만드는 것이다. 창조적인 활동을 하는 사람을 휘저을 수 있으려면 하찮은 일이 아니면 타락한 일이 되어야 하는 듯하다. "우리의 작가들은 밀집 대형 속에서 행군하지 않으면 안 되며, 진로를 벗어나 꽃을 따는 자는 탈주병이나 진배없다." 콘스탄틴 시모노프의 이 말은 동서고금을 막론한 모든 광신자들의 생각과 말을 고스란히 담고 있다. 랍비 야곱(1세기)은 말했다. "중간에 끼어들어 …… 〔토라〕 공부를 방해하고는 '이 나무 그 얼마나 아름다운가' 〔혹은〕 '잘 일군 이 밭 참 아름답구나' 말하는 이는 …… 자신의 영혼에 죄를 지은 것이다."[6] 클레르보의 베르나르두스는 하루 온종일 제네바 호숫가를 걸으면서 호수를 단 한 번도 쳐다보지 않을 수 있었다. 「예술의 순화」에서 데이비드 흄은 "독방의 창문을 열면 장엄한 전경이 펼쳐지는 까닭에 그쪽으로는 고개를 돌리지 않겠노라 서약한" 수도승에 대해 말한다. 광신자의 맹목성은 (그 어떤 것도 장애로 여기지 않기에) 힘의 원천이지만, 지적 빈곤과 단조로운 감정 생활의 원인이 된다.

광신자는 또한 정신적으로 교만하여 개척의 길에 나서는 일이 없다. 교만함의 뿌리에는 인생과 우주가 하나의 단순한 공식—자신의 공식—에 따른다는 확신이 있다. 그렇기에 그에게는 이를테면 머리가 타들어가도록 새로운 노선이며 온갖 대응 방식을 궁리하는 암중모색의 시기 따위는 없다.

119

활발한 대중운동이 독창성을 보여준다면, 그것은 대개 응용과 규모의 독창성이다. 대중운동이 적용하고 이용하는 원칙, 방법, 기술 따위는 보통 운동권 외부에서는 활발하던 혹은 여전히 활발한 창조성의 산물이다. 모든 역동기의 대중운동은 일본인을 연상시키는 뻔뻔한 모방 능력을 보여준다. 나치와 공산당은 선전선동 분야조차 새로운 것을 시도하기보다는 모방을 더 많이 택한다. 그들은 자본주의 세계의 광고업자들이 비누나 담배 상표 팔듯이 숭고한 대의라는 상표를 팔아댄다.[7] 우리가 나치와 공산당의 방식을 보면서 새롭다는 인상을 받는 것은 상당 부분 그들이 거대한 제국을 포드나 뒤퐁 같은 기업이 회사 경영하는 식으로 다스리거나 또는 다스리려고 하기 때문이다. 어쩌면 공산주의라는 실험의 성공 여부는 자유분방한 창조성이 외부 비공산권 세계에서 어떻게 전개되느냐에 달려 있다고 봐야 할 것이다. 크레믈린의 철면피들은 공산주의와 자본주의는 오랫동안 나란히 갈 수 있다고 말한다. 그것도 자기네가 무슨 대단한 아량이라도 베푸는 양 굴면서 말이다. 그러나 실상은 공산주의 궤도 외부에 자유 사회가 없었다면, 그들은 자유 사회를 건설하라는 칙령이라도 내렸을 것이다.

역동기의 기간을 결정하는 몇 가지 요인

120

구체적이며 목표가 제한적인 대중운동은 뜬구름 잡듯 일정한 목표가 없는 운동보다 역동기가 짧은 것으로 보인다. 모호한 목표는 고질적

극단주의가 탄생하는 데 없어서는 안 될 요소로 보인다. 올리버 크롬웰은 말했다. "사람은 자기가 어디로 가는지 모를 때보다 더 멀리 갈 수는 없다."[8]

대중운동이 자국의 압제자에 대한 해방운동이나 외세의 침략에 맞선 저항운동 또는 후진국의 사회개혁운동을 개시하게 되면, 적과의 투쟁이 끝나거나 재조직 과정이 거의 완성될 때 그 운동은 자연스럽게 종료된다. 반면에 목표가 성원 전체가 이기심 없이 온전히 하나되는 이상 사회일 때면—그것이 신국이건 공산주의의 지상 낙원이건 히틀러가 꿈꾼 전사 국가건—운동의 역동기는 결코 종료되지 않는다. 단결과 자기희생 없이는 정상적으로 돌아가지 못하는 사회라면, 그곳의 일상은 (일상 업무가 곧 숭고한 대의가 되는) 종교화 아니면 군사화될 가능성이 높다. 어느 쪽이 되었건 역동기에 형성된 양상이 그대로 영구적으로 굳어질 가능성이 크다. 야콥 부르크하르트와 에르네스트 르낭은 희망 넘치던 19세기 후반, 다가오는 새 천년에 잠재한 불길한 함의를 감지했던 소수자에 속한다. 부르크하르트는 군사형 사회를 보았다. "나한테 한 가지 예감이 맴도는데, 완전히 터무니없는 소리 같은데도 도저히 사라지지를 않는다. 무슨 말이냐면, 군사국가는 하나의 거대한 공장이 될 수밖에 없다. …… 그 논리적 귀결은 북소리에 맞추어 하루가 시작되고 마감되는, 선전선동과 제복의 일상, 견고한 감시의 눈이 따라다니는 비참한 사회가 될 수밖에 없다."[9] 르낭의 통찰은 더 깊이 들어간다. 그는 사회주의가 서구의 다음 종교가 될 것이며, 세속종교로서 정치와 경제가 종교화할 것이라고 보았다. 그는 또한 신교에 대한 반동으로 가톨릭이 부활하지 않을까 우려했다. "우리 두려워하자. 바로 이 순간, 어쩌면, 미래의 종교가 만들어지고 있을지도 모른다. 허나 거기에 우리 몫은 없다! 너무 쉽게 믿는 경향은 뿌리가 깊다. 사회주의는 가톨릭의 공모로 이교도와 교회와 손잡고 중세를 소생시켜 자유와 개성, 한마디로, 문명을 차폐시킬지도 모른다."[10]

121

이상 사회를 실현하려다가 늘어진 대중운동이 역동기의 추악상과 폭력성만 낳고 만 대부분의 경우가 이질적 인구집단을 대상으로 한 대규모 실험이었다는 사실이 어느 정도 희망이 될 수 있을 것이다. 기독교와 이슬람의 발생이 그런 경우였으며, 프랑스와 러시아의 혁명, 나치 혁명이 그랬다. 작은 국가 이스라엘의 전도유망한 공동체 정착 사업과 스칸디나비아의 작은 나라들이 추진하여 성공을 거두고 있는 사회주의적 사업들은 이상 사회 실현이라는 노력이 단일 인구집단으로 구성된 소국의 규모에서는 소모적이지도 강압적이지도 않은 분위기에서 성공을 거둘 수도 있음을 시사한다. 작은 나라의 소중한 인적 자산을 낭비하는 것에 대한 공포, 외부의 공격에 맞서기 위한 안전막으로서 내적 결속과 화합의 절실한 필요성, 끝으로 구성원 모두가 한 가족이라는 인식은 종교화나 군사화에 의지하지 않고서도 기꺼이 협력하는 분위기를 조성한다. 어쩌면 모든 극단적인 사회 실험을 단일 종족으로 이루어진 강소국들이 맡아서 해준다는 사실이 서방으로서는 다행한 일일 수 있다. 따라서 어쩌면 대규모 대량생산 산업 분야에서 시행하는 시험 공장 원리를 사회적 진보의 실현에 적용할 수도 있을 것이다. 서방이 작은 국가에서 희망적인 미래 청사진을 얻는다는 사실 자체가 어느 정도는 오랜 전통이다. 중동과 그리스, 이탈리아 같은 작은 국가들이 서양문화와 문명의 기본 요소와 종교를 우리에게 주었다.

역동기 대중운동의 특성과 지속 기간은 대중의 성격에 따라 달라진다. 역동기의 대중운동이 길항작용 없이 면면히 이어지는 일본과 러시아, 독일은 국민들이 복종에 익숙하거나 자국에서 근대적 대중운동이 태동하기 전 몇 세대에 걸쳐 강철 같은 기강을 다져왔다. 레닌은 러시아 민중의 복종적인 성향이 자신에게 대단히 유리하다는 사실을 잘 알고 있었다. "서유럽 대중과 우리 민중이 어떻게 비교가 되겠는가. …… 그렇게 참을성 있고 그렇게 궁핍에 익숙한 우리와?"[11] 한 세기 전에 마담 드 스탈(1766~1817. 프랑스의 작가이자 비평가. 정치적으로는 자유주의 사상으로 나폴레옹과 대립했으며 문학적으로는 유럽 낭만주의 문학의 서막을 열었다―옮긴이)이 독일 국민에 대해 한 말을 읽은 사람이라면 그들이 무궁한 대중운동에 얼마나 적격인지 실감할 수밖에 없을 것이다. "독일 국민은 엄밀하게 복종적인 사람들이다. 그들은 철학적 추론을 통해 세상에서 가장 비철학적인 것, 즉 힘에 대한 경의와 그 경의를 숭배로 바꾸는 공포를 설명한다."[12]

자유 전통이 오랜 나라에서는 절대로 히틀러나 스탈린이 나오지 않을 것이라고 확신하기는 어렵다. 자유 전통이 확립된 나라라면 히틀러나 스탈린 같은 인물이 권력을 잡는 것이 아주 어렵지는 않겠으나 무한정 그 자리를 유지하는 것이 극히 어려우리라는 정도는 단언할 수 있다. 경제적 조건이 어느 정도라도 눈에 띄게 개선된다면 반항의 전통인 자유 전통이 살아날 것이다. 러시아에서는 45항에서 지적했듯이 스탈린에 맞섰던 개인들이 동지를 찾을 수 없었으며, 그렇기에 강압에 저항할 힘이 없었다. 그러나 자유 전통이 살아 있는 나라에서 강압에 맞서는 개인들은 자신을 고립된 인간 원자가 아니라 어떤 강한 종족―반항적인 조상―의 일원으로 여긴다.

I22

대중운동의 특성과 지속 기간을 결정하는 주된 요인은 아마도 지도자의 성품이 될 것이다. 링컨과 간디 같은 불세출한 지도자는 대중운동의 나쁜 속성을 억누를 뿐만 아니라 목표한 바가 어느 정도 달성되면 운동에 기꺼이 종지부를 찍는다. 그들은 "권력으로부터 고상하고 관대한 영혼을 발전시킨"[13] 극히 드문 모범 사례다. 스탈린의 중세적 사고방식과 원시적 무자비함은 공산주의 운동의 역동기가 장기화한 주된 요인이었다. 레닌이 일이십 년 더 살았더라면 러시아 혁명이 어떻게 되었을까 가정해보았자 쓸데없다. 레닌의 성품에는 히틀러나 스탈린에게서는 너무나 뚜렷이 보이는 야만성이 없었다는 인상을 주는데, 이 야만성은 헤라클레이토스의 말마따나, 우리의 눈과 귀를 "악마적 소행의 목격자"로 만드는 속성이다. 스탈린은 자기 자신의 이미지 속에서 후계자를 만들었으며 러시아 인민은 다음 몇십 년 동안 같은 상황이 이어지리라 예상할 수 있었을 것이다. 크롬웰의 죽음이 청교도 혁명을 끝냈다면, 로베스피에르의 죽음은 프랑스 혁명 역동기의 종결을 의미했다. 히틀러가 1930년대에 죽었다면, 나치즘은 괴링의 통솔하에 근본적인 방향 전환을 꾀했을 것이며, 그리하여 제2차 세계대전을 비켜갔을지도 모른다. 더더구나, 나치교의 창시자 히틀러의 성묘는 히틀러의 전쟁이 낳은 그 어떤 살육과 참상보다도 끔찍한 재앙이 되었을지도 모른다.

123

대중운동이 시작되는 방식도 역동기의 지속 기간과 종결 형태에 어느 정도 영향을 미칠 수 있다. 종교개혁, 청교도 혁명, 미국과 프랑스의 혁명, 그밖의 많은 민족주의 봉기가 상대적으로 짧은 역동기를 거쳐 개인의 자유 향상을 특징으로 하는 사회 체제로 마무리되는 것은 이들 운동 태동기의 특징적인 분위기와 사례들이 현실로 구현된 것이다. 이들 운동은 전부가 오래된 권력에 항거하고 전복시키려는 움직임으로 시작되었다. 이 초기의 항거 양상이 명확할수록 대중의 마음속에 기억은 선명히 각인되며, 그럴수록 궁극적으로 개인의 자유가 실현될 가능성이 높다. 기독교의 출현에는 그처럼 선명한 항거 행위가 없었다. 기독교는 왕이나 위계질서, 국가 혹은 교회를 전복시키는 것으로 시작되지 않았다. 순교자들은 있었으나, 그들 개개인이 온 세상이 지켜보는 가운데 오만한 권력자의 코앞에 주먹을 휘두르며 공공연히 반항한 것은 아니다.[14] 아마도 그랬기 때문에 기독교가 예고한 권위적 체제가 천오백 년을 확고하게 지탱할 수 있었을 것이다. 르네상스 이탈리아에서 마침내 기독교 정신이 해방된 것은 초기 기독교 역사에서 영감을 받은 것이 아니라 과거 그리스와 로마 시대에 꽃피었던 개인의 독립과 도전 정신에서 영감을 받은 것이다. 이슬람교와 일본 전체주의의 탄생에도 극적인 저항 행위는 없었으며, 현재까지도 이 둘 어느 쪽에서든 진정한 개인 해방은 조짐도 나타나지 않고 있다. 독일 민족주의의 시작 또한 대부분 서양 국가들의 민족주의와는 달리 기성 권위에 맞서는 극적인 도전 행위가 아니었다. 독일의 민족주의는 처음부터 프로이센 군대의 보호를 받았다.[15] 독일에서 개인 해방의 씨앗은 민족주의가 아니라 개신교였다. 종교개혁, 미국과 프랑스, 러시아의 혁명과 많은 민족주의운동 대부분이 권위에 대한 개인의 도전이라는 장엄한 서곡으로 시작되었으며, 그 기억은 생생히 살아 있다.

이 점을 볼 때 러시아에서 언젠가는 개인의 자유가 출현할 것인가 하는 문제가 아주 절망적이지는 않을 것이다.

유익한 대중운동

I24

맹신자들의 눈에 숭고한 대의를 추구하지 않는 사람은 줏대도 성질도 없는 사람, 말하자면 신념가의 봉이다. 반면에 서로 다른 경향의 맹신자들은 서로를 도덕적으로 경멸하며 언제든 상대의 급소를 공격할 태세이긴 하지만 상대의 강점을 인정하며 존중한다. 히틀러는 볼셰비키를 호적수로 여겨 전 공산당원들에게 즉시 나치당에 가입할 것을 명했다. 종교적 광신자와 전투적 무신론자조차 서로를 존경하는 마음이 없지 않다. 도스토옙스키는 치혼 주교의 입을 통해 다음의 말을 설파했다. "노골적인 무신론이 종교에 무관심한 태도보다 훌륭하다. …… 철저한 무신론자는 가장 철저한 신자에 버금간다. …… 그러나 무관심한 사람에게 믿음이란 해로운 공포일 뿐이다."[16]

우리 시대의 맹신자들은 (공산주의자, 나치, 파시스트, 일본인, 가톨릭교도를 막론하고) 현란한 수사를 동원해가며 서구 민주주의의 퇴폐성을 비난했다(그리고 공산주의자들은 지금까지도 비난한다). 그들은 민주주의체제 사람들이 너무 유약하고 쾌락이나 좇고 너무나 이기적이어서 국가나 신 혹은 어떤 숭고한 대의를 위해 목숨 바칠 생각이 없다고 떠들어댄다. 이렇게 기꺼이 죽으려는 의지가 없다는 것은 내면의 부패—도덕적, 생물학적 부패—를 암시하는 징후라는 소리다. 늙고 타락하고 부패한 민주주의가 이제 곧 이 지구의 주인이 될 강건한 신도들에게는 어울리지 않는다는 것이다.

이 규탄에 일리가 없지는 않겠지만 그보다는 어처구니없는 면이 더 크다. 기꺼이 단결하고 자기를 희생하려는 의지는 43항에서 설명했듯이 대중운동의 현상이다. 평화시의 민주주의 국가는 다소 자유로운 개인들로 이루어진 체제다. 그 존재가 위협받아 성원들이 단결해야 할 때 그들 안에서 궁극의 자기희생 정신이 만들어지며, 민주주의 국가는 전투적 교회나 혁명 정당과 유사한 것으로 변신할 수밖에 없다. 이러한 종교화 과정은 보통 어렵고 더디 진행되지만 근본적인 변화를 의미하지는 않는다. 맹신자들은 그들이 그토록 현란한 언변으로 규탄하는 그

"타락"이 조직의 부패를 뜻하는 것은 아님을 넌지시 비친다. 나치에 따르면, 독일은 1920년대에 부패했고 1930년대에 전면적으로 새로 태어났다. 분명 10년이라면 수백만 인구 집단이 생물학적으로, 아니 문화적으로조차 의미있는 변화를 겪기에는 너무 짧은 시간이다.

그럼에도 히틀러의 10년 같은 시기라면 신속히 대중운동을 이끌어낼 능력이 국가에 절대적으로 필요한 것도 사실이다. 종교화 기술은 민주주의 국가의 지도자에게도, 설사 그 필요성이 발생하지 않는다 해도, 없어서는 안 될 요건이다. 그리고 아마도 극도의 지적 결벽성을 지닌 사람이나 사업가의 현실적 태도를 견지하는 사람이라면 국가의 지도자로서는 부적격할 것이다. 또한 민주적인 국가에는 위기 시에 국민을 종교화할 수 있는, 따라서 잠재적인 국력의 요소가 되는 일련의 속성이 있을 것이다. 한 국가의 잠재적 역량은 갈망들의 저수지와 같다. "모든 욕망이 다 충족된다고 반드시 더 좋은 것은 아닐 것"이라는 헤라클레이토스의 말은 개인만이 아니라 국가에도 적용된다. 한 국가가 무언가를 열망하기를 중단하거나 그 열망을 구체적이고 특정한 이상으로 유도하기를 중단할 때, 그 국가의 잠재적 역량은 손상될 수밖에 없다. 끊임없이 완성을 열망하게 만드는 목표만이, 비록 열망이 계속해서 충족된다 해도, 국가의 잠재적 역량을 지킬 수 있다. 목표는 숭고할 필요가 없다. 삶의 수준을 끝없이 향상시킨다는 거대한 이상이 이 나라를 상당히 부강하게 지켜주고 있다. 신사의 나라라는 잉글랜드의 이상과 은퇴자의 연금 생활이라는 프랑스의 이상은 구체적이며 한정적이다. 이처럼 명확한 국가 이상은 아마도 이 두 나라가 상대적으로 느긋하게 돌아가는 곳이라는 점과 관계가 있을 것이다. 미국과 러시아, 독일의 이상은 막연하고 무제한적이다.

125

1항에서 지적했듯이 대중운동은 정체된 사회를 각성시키고 혁신하는 요인이 되곤 한다. 대중운동이 유일하게 효과적인 부흥의 도구라고 할 수는 없지만, 그럼에도 러시아나 인도, 중국, 아랍 세계, 심지어는 에스파냐까지 포함하여 규모가 크고 구성원이 이질적인 사회집단에서 각성과 혁신은 오로지 대중운동만이 이끌어내고 지속할 수 있는 광범위하고 격한 열정이 있느냐 아니냐에 달려 있는 듯하다. 혁신이 신속하게 이루어져야 할 때라면 소규모의 단일 민족 사회라도 대중운동이 필수불가결한 요소가 될 수 있다. 그렇기에 사회집단에 성숙한 대중운동을 일으킬 능력이 없다는 것은 심각한 약점이 될 수 있다. 아마도 지난 100년 사이에 중국이 겪었던 가장 큰 불운은 대중운동(태평천국의 난과 신해혁명)이 쇠퇴하거나 너무 빨리 진압되었던 일일 것이다. 중국은 스탈린이나 간디는 말할 것도 없고 하다못해 아타튀르크도 만들어내지 못했다. 진정한 대중운동을 충분히 지속시켜 전격적인 개혁을 일구고 뿌리를 내리게 해줄 지도자 말이다. 오르테가 이 가세트는 진정한 대중운동을 만들어내지 못하는 국가는 민족학적으로 결함이 있음을 시사한다고 주장했다. 그는 조국 에스파냐에 대해 "민족학적 지능이 노상 위축증에 시달리느라 정상적으로 발육될 틈이 없었다"[17]고 말한다.

정권이 고질적 무능력의 징후를 보이기 시작하면 어떤 강력한 군중 봉기로 전복되는 것이 (막대한 생명과 부의 낭비가 따를지언정) 제 스스로 약해져 무너지도록 기다리는 것보다 나을 것이다. 진정한 민중 봉기는 정력적으로 혁신하고 통합하는 과정이다. 정권이 질질 끌면서 서서히 죽어가도록 놔두면 정체되어 쇠퇴하는 경우가 많다. 어쩌면 돌이킬 수 없는 상태가 될 수도 있다. 대중운동의 발생에 으레 지식층의 역할이 중대한 까닭에[18] 하나의 사회집단이 지속적으로 강한 활력을 유지하기 위해서 생각을 또렷이 표현할 수 있는 소수 지식층이 없어서는 안 될 존재임은 두말할 나위가 없다. 물론 그 지식층이 기존 정부와 밀접한 동맹 관계여서는 안 될 것이다. 동양 사회의 장기 정체에는 많은 원인이 있지만, 의심의 여지 없이 수 세기 동안 지식층이 소수였을 뿐만 아니라 그들이 거의 어김없이 (관료나 사제로) 정부 소속이었다는 사실이 가장 크게 작용했다.

서구 식민지 열강의 교육 사업이 혁명에 미치는 효과는 앞서 언급한 바 있다.[19] 인도에서 간디와 네루가 나올 수 있었던 것은 인도 문화의 독특한 요소보다는 영국의 장기 통치 덕분이 아닌가 생각하는 독자도 있을 것이다. 사회가 부흥하는 데는 외부의 영향이 지배적인 요인이 되는 듯하다. 무함마드 시대 아랍이 깨어나는 데는 유대교와 기독교의 영향이 컸다. 유럽이 중세의 정체기로부터 깨어날 때도 외부 세계―그리스·로마와 아랍―의 영향이 있었다. 러시아와 일본을 비롯하여 아시아 여러 국가의 부흥에도 외부 세계의 영향이 활발했다. 중요한 것은 외부의 영향이 직접적으로 작용하는 것은 아니라는 사실이다. 외부 세계의 유행이나 양식, 연설, 사고방식, 행동양식을 도입한다고 해서 정체된 사회집단을 흔들어 일으킬 수 있는 것은 아니다. 외부 세계의 영향은 주로 지식층이 전혀 없던 곳에서 교육받은 소수층을 만들어내거나 기성의 소수 지식층을 지배 체제와 불화하게 만드는 것이다. 그리고 대중운동을 발동함으로써 사회 부흥이라는 과업을 성취하는 것도 바로 이 생각을 또렷이 표현할 수 있는 소수 지식층이다. 바꿔 말하면 외부 세계의 영향은 연쇄 과정의 첫 고리일 뿐이며, 대개 그 마지막 고리는 대중운동인 셈이다. 사회집단을 정체 상태에서 뒤흔들어 일깨우는 것이 바로 대중운동이다. 아랍 세계의 경우에는 외부의 영향이 지식인 무함마드를 메카의 지배 세력과 불화하게 만들었다. 무함마드는 대중운동(이슬람)을 시작했고, 그 운동을 발판 삼아 처음으로 아랍 세계가 깨어 일어나 하나로 통일되었다. 르네상스 시대에 외부(그리스·로마와 아랍)의 영향은 교회와 아무런 관련이 없는 지식층의 등장을 촉진했으며, 또한 많은 기성 지식인들을 지배 가톨릭 체제로부터 이탈시켰다. 종교개혁의 결과로 일어난 운동은 유럽을 동면에서 일으켜 세웠다. 러시아에서는 (마르크스주의를 포함한) 유럽의 영향으로 로마노프 왕조에 충성하던 인텔리겐치아를 떼어냈으며, 종국에는 볼셰비키 혁명으로 광대한 모스크바 대공국의 쇄신 작업이 목하 진행 중이다. 일본에서는 외부 세계의 영향이 지식층이 아닌 메이지 황제를 포함한 상류 행동가 집단에 작용했다. 이들 현실적인 행동가 집단에는 마찬가지로 행동가인 표트르 대제에게 없는 선견지명이 있었으며, 표트르 대제가 실패한 곳에서 그들은 성공했다. 그들은 외국의 문물과 방식을 도입하는 것만으로는 일본을 일깨울 수 없을 뿐만 아니라 수 세기 뒤처진 상태를 몇십 년 안에 따라잡도록 몰아칠 수도 없다는 것을 알았다. 그들은 그토록 전례없는 과업을 수행하기 위해서는 종교화 기술이 없어서는 안 될 요인임을 간파했다. 그들이 추진한 사업은 현대의 가장 효율적인 대중운동의 하나로 꼽힌다. 이 운동의 해악은 이 책 전체에 걸쳐 충분히 밝힌 바 있다. 그럼에도 어떤 다른 방법으로도 일본이 성취한 경이로운 쇄신의 위업을 이루어냈을 것 같지는 않다. 튀르키예에서도 외부의 영향이 행동가인 아타튀르크에게 미쳤으며, 그 연쇄 과정의 마지막 고리는 대중운동이었다.

J. B. S. 홀데인은 기원전 3000년과 서기 1400년 사이에 만들어진 것 가운데 정말로 중요한 4대 발명품으로 광신주의를 꼽는다.[20] 광신주의 는 유대기독교의 발명품이었다. 세계가 이 영혼의 질병을 얻으면서 사 회와 국가를 죽음에서 일으키는 기적의 도구—부활의 도구—도 함께 얻었다고 생각하니 기분이 묘하다.

서문

1. 이 책에서 '좌절한'이라는 말은 임상학적 용어로 사용하지 않았다. 여기에서는 이런저런 이유로 인생을 낭비하거나 망쳤다고 느끼는 사람들을 가리킨다.

1부 대중운동의 매력 ────────────────

1장 | 변화를 향한 갈망

1. E. H. Carr, *Nationalism and After* (New York: Macmillan Company, 1945), p. 20.

2. 104항의 끝부분을 보라.

3. Henry David Thoreau, *Walden*, Modern Library edition (New York: Random House, 1937), p. 69. 〔『월든』, 한기찬 옮김, 소담출판사, 2010〕

4. Alexis de Tocqueville, *On the State of Society in France Before the Revolution of 1789* (London: John Murray, 1888), pp. 198-199.

5. 창세기 11장 4절, 6절.

6. 58항을 보라.

7. Karl Polanyi, *The Great Transformation* (New York: Farrar and Rinehart, Inc., 1944), p. 35. 〔『거대한 전환』, 홍기빈 옮김, 길, 2009〕

8. 같은 책, p. 40.

2장 | 자기부정을 향한 갈망

1. Adolph Hitler, *Mein Kampf* (Boston: Houghton Mifflin Company, 1943), p. 105. 〔『나의 투쟁』, 이명성 옮김, 홍신문화사, 2006〕

2. Hermann Rauschning, *The Conservative Revolution* (New York: G. P. Putnam's Sons, 1941), p. 189.

3. Thomas Gray, *Letters*, Vol. I, p. 137. 인용은 Gamaliel Bradford, *Bare Souls* (New York: Harper & Brothers, 1924), p 71에서.

3장 | 대중운동의 호환성

1. Chaim Weizmann, *Trial and Error* (New York: Harper & Brothers, 1949), p. 13.

2. Hermann Rauschning, *Hitler Speaks* (New York: G. P. Putnam's Sons, 1940), p. 134.

3. Konrad Heiden, *Der Führer* (Boston: Houghton Mifflin Company, 1944), p. 30.

4. Fritz August Voigt, *Unto Caesar* (G. P. Putnam's Sons, 1938), p. 283.

5. Carl L. Becker, *The Heavenly City of the Eighteenth-Century Philosophers* (New haven: Yale University Press, 1932), p. 155.

6. A. Mathiez, "Les Origins des Cultes Revolutionnaires," p. 31. 인용은 Carlton J. H. Hayes, *Essays on Nationalism* (New York: Macmillan Company, 1926), p. 103에서.

7. Frantz Funck-Brentano, *Luther* (London: Jonathan Cape, Ltd., 1939), p. 278.

8. H. G. Wells, *The Outline of History* (New York: Macmillan Company, 1922), pp. 482-484.

2부 잠재적 전향자

4장 | 인간사에서 불명예스러운 자들의 역할

1. 최상위층과 최하위층의 결합으로 형성되는 것으로는 언어가 좋은 예가 될 것이다. 한 나라에서 덕망 있는 중간 계층은 사전을 고수한다. 혁신은 고급 언어—정치인, 시인, 작가, 과학자, 전문가의 언어—에서 이루어지며 저급 언어—비속어—에서도 이루어진다.

5장 | 가난한 사람

1. Charles A. and Mary R. Beard, *The Rise of American Civilization* (New York: Macmillan Company, 1939), Vol. 1, p. 24.

2. Angelica Balabanoff, *My Life as a Rebel* (New York: Harper & Brothers, 1938), p. 204.

3. Edward A. Ross, *The Changing Chinese* (New York: Century Company, 1911), p. 92.

4. Alexis de Tocqueville, *On the State of Society in France Before the Revolution of 1789* (London: John Murray, 1888), p. 149.

5. 같은 책, p. 152.

6. Lyford P. Edwards, *The Natural History of Revolution* (Chicago: University of Chicago Press, 1927), p. 70.

7. 로마서 8장 25절.

8. 116항을 보라.

9. I. A. R. Wylie, "The Quest of Our Lives," *Reader's Digest*, May 1948, p. 2.

10. Crane Brinton, *A Decade of Revolution* (New York: Harper & Brothers, 1934), p. 161.

11. Ernest Renan, *The Hibbert Lectures, 1880* (London: Williams and Norgate, 1898), Preface.

12. Epictetus, *Discourses*, Book I, Chap. 2. 〔『에픽테토스의 자유와 행복에 이르는 삶의 기술』, 강분석 옮김, 사람과책, 2008〕

13. Arthur J. Hubbard, *The Fate of Empires* (New York: Longmans, Green & Company, 1913), p. 170.

14. 마태복음 10장 35-37절

15. 같은 책 12장 47-49절.

16. 같은 책 8장 22절.

17. 같은 책 10장 21절.

18. Kenneth Scott Latourette, *The Chinese, their History and Culture* (New York: Macmillan Company, 1946), Vol. I, p. 79.

19. Brooks Adams, *The Law of Civilization and Decay* (New York: Alfred A. Knopf, Inc., 1943), p. 142.

20. Nicolas Zernov, *Three Russian Prophets* (Toronto: Macmillan Company, 1944), p. 63에서 인용.

21. Peter F. Drucker, "The Way to Industrial Peace," *Harper's Magazine*, Nov. 1946, p. 392.

22. Kenneth Scott Latourette, *A History of the Expansion of Christianity* (New York: Harper & Brothers, 1937), Vol. I, p. 164.

23. 같은 책, p. 23.

24. 같은 책, p. 163.

25. Carlton J. H. Hayes, *A Generation of Materialism* (New York: Harper & Brothers, 1941), p. 254.

26. H. G. Wells, *The Outline of History* (New York: Macmillan Company, 1922), p. 719.

27. Theodore Abel, *Why Hitler Came into Power* (New York: Prentice-Hall, 1938), p. 150.

28. Alexis de Tocqueville, 앞의 책, p. 152.

29. 퇴역 군인에 관해서는 38항에서 더 다루었으며, 군대와 대중운동의 관계는 64항에서 다루었다.

6장 | 부적응자

1. 111항을 보라.

10장 | 권태에 빠진 사람

1. Hermann Rauschning, *Hitler Speaks* (New York: G. P. Putnam's Sons, 1940), p. 268.

2. 같은 책, p. 258.

3. Miriam Beard, *A History of the Businessman* (New York: Macmillan Company, 1938), p. 462.

11장 | 죄인

1. "…… 죄인 하나가 회개하면 하늘에서는 회개할 것 없는 의인 아흔아홉을 인하여 기뻐하는 것보다 더하리라." 누가복음 15장 7절. 탈무드에도 비슷한 이야기가 나온다. "온전히 의로운 자, 회개하는 자만 못하나니."

2. *Life*(1946년 12월 23일 발행)에 실린 R. S. Aldrich의 편지.

3. 러시아인들의 고백을 다룬 45항을 보라.

4. Brooks Adams, *The Law of Civilization and Decay* (New York: Alfred A. Knopf, Inc., 1943), p. 144에서 인용.

3부 단결과 자기희생

12장 | 머리말

1. 군대에 관한 64항을 보라.

2. "북아메리아 원주민 부족들 가운데 가장 호전적인 부족이 가장 강한 단결력을 보였다." W. G. Sumner, *War and Other Essays* (New Haven: Yale University Press, 1911), p. 15.

13장 | 자기희생을 촉진하는 요인

1. 이 주제에 관해서는 90항에서 더 다루었다.

2. Christopher Burney, *The Dungeon Democracy* (New York: Duell, Sloan & Pearce, 1946), p. 147. 같은 주제로 Odd Nansen, *From Day To Day* (New York: G. P. Putnam's Sons, 1949), p. 335와 Arthur Koestler, *The Yogi and the Commissar* (New York: Macmillan Company, 1945), p. 178도 살펴보라.

3. 이 주제에 관한 다른 관점은 20항에서 다루었다.

4. Ernest Renan, *History of the People of Israel* (Boston: Little, Brown & Company, 1888-1896), Vol. III, p. 416.

5. John Buchan, *Pilgrim's Way* (Boston, Houghton Mifflin Company, 1940), p. 183.

6. 전도서 1장 10절.

7. 같은 책 1장 9절.

8. 같은 책 9장 4절, 5절, 6절.

9. 나치 침공 시기 노르웨이에서 온 한 편지에 이 당황스러운 진실이 울려 퍼진다. "우리가 당

면한 문제가 어떤 것이냐면, 우리가 모든 면에서 얼마나 호강하는지 많은 사람이 진정한 자기희생 정신을 잃어버렸다는 것이지요. 사람들은 사는 게 편안해서 이 생활을 심각하게 뒤흔들 일을 하고 싶어하지 않아요." 샌프란시스코, *News*, 1940년 6월 22일, J. D. Barry의 글 인용.

10. 고린도전서 1장 28절.

11. 욥기 2장 4절.

12. Luther, "Table Talk, Number 1687." 인용은 Frantz Funck-Brentano, *Luther* (London: Jonathan Cape, Ltd., 1939) p. 246에서.

13. Henri L. Bergson, *The Two Sources of Morality and Religion* (New York: Henry Holt & Company, 1935). 〔『도덕과 종교의 두 원천』, 강영계 옮김, 삼중당, 1976〕

14. Pascal, *Pensées*.

15. Thomas a Kempis, *Of The Imitation of Christ* (New York: Macmillan Company, 1937), Chap. III. 〔『그리스도를 본받아』, 박동순 옮김, 두란노, 2010〕

16. Pascal, 앞의 책.

17. Konrad Heiden, *Der Führer* (Boston: Houghton Mifflin Company, 1944), p. 758.

18. Pascal, 앞의 책.

19. *History of the Communist Party* (Moscow, 1945), p. 355. 인용은 John Fischer, *Why They Behave Like Russians* (New York: Harper & Brothers, 1947), p. 236에서.

20. Emile Cailliet, *The Clue to Pascal* (Toronto: Macmillan Company, 1944)에서 인용.

21. Michael Demiashkevich, *The National Mind* (New York: American Book Company, 1938), p. 353에서 인용.

22. 사례는 14항에서 볼 수 있다.

23. Fëdor Dostoyevsky, *The Idiot*, Part IV, Chap. 7.

24. Ernest Renan, 앞의 책, Vol. V., p. 159.

25. Harold Ettlinger, *The Axis on the Air* (Indianaplois: Bobbs-Merrill Company, 1943), p. 39.

26. Homer, *Iliad*.

27. Alexis de Tocqueville, *Recollections* (New York: Macmillan Company, 1896), p. 52.

14장 | 단결의 동인

1. Heinrich Heine, *Religion and Philosophy in Germany* (London: Trubner & Company, 1882), p. 89.

2. Hermann Rauschning, *Hitler Speaks* (New York: G. P. Putnam's Sons, 1940), p. 234.

3. Fritz August Voigt, *Unto Caesar* (New York: G. P. Putnam's Sons, 1938), p. 301.

4. Adolph Hitler, *Mein Kampf* (Boston: Houghton Mifflin Company, 1943), p. 118.

5. Hermann Rauschning, *Hitler Speaks* (New York: G. P. Putnam's Sons, 1940), p. 234에서 인용.

6. 같은 책, p. 235.

7. 100항을 보라.

8. Crane Brinton, *The Anatomy of Revolution* (New York: W. W. Norton & Company, Inc., 1938), p. 62.

9. 같은 책.

10. 같은 책.

11. 얀 후스(1369~1415. 보헤미아(체코)의 종교개혁 지도자. 로마 가톨릭 교회의 부패를 비판하다 콘스탄츠 공의회의 결정에 따라 화형당했다—옮긴이)는 한 노파가 장작 다발을 끌고 와 자신의 화형대 장작에 얹는 것을 보고 이렇게 말했다고 전해진다. "참으로 순진하구나!" Ernest Renan, *The Apostles* (Boston: Roberts Brothers, 1898), p. 43에서 인용.

12. Pascal, *Pensées*.

13. Hermann Rauschning, *Hitler Speaks* (New York: G. P. Putnam's Sons, 1940), p. 235.

14. Adolph Hitler, 앞의 책, p. 351.

15. Pascal, 앞의 책.

16. Luther, "Table Talk, Number 2387 a-b." 인용은 Frantz Funck-Brentano, *Luther* (London: Jonathan Cape, Ltd., 1939), p. 319에서.

17. 60항을 보라.

18. 마태복음 5장.

19. Fëdor Dostoyevsky, *The Possessed*, Part II, Chap. 6.

20. Adolph Hitler, 앞의 책, p. 171.

21. Ernest Renan, *History of the People of Israel* (Boston: Little, Brown & Company, 1888-1896), Vol. I, p. 130.

22. 96항과 98항을 보라.

23. 1926년 당시 이탈리아의 교육장관. 인용은 Julien Benda, *The Treason of the Intellectuals* (New York: William Morrow Company, 1928), p. 39에서.

24. 이 주제에 관한 다른 시각은 33항에서 볼 수 있다.

25. Niccolo Machiavelli, *The Prince*, Chap. VI. 〔『군주론』, 강정인 · 김경희 옮김, 까치글방, 2008〕

26. *The Goebbels Diaries* (Garden City: Doubleday & Company, Inc., 1948), p. 460.

27. 같은 책, p. 298.

28. Guglielmo Ferrero, *Principles of Power* (New York: G. P. Putnam's Sons, 1942), p. 100.

29. Ernest Renan, *The Poetry of the Celtic Races* (London: W. Scott, Ltd., 1896), 이슬람 문화에 관한 에세이, p. 97.

30. Kenneth Scott Latourette, *The Unquenchable Light* (New York: Harper & Brothers, 1941), p. 33.

31. Kenneth Scott Latourette, *A History of the Expansion of Christianity* (New York: Harper & Brothers, 1937), Vol. I, p. 164.

32. Charles Reginald Haines, *Islam as a Missionary Religion* (London: Society for Promoting Christian Knowledge, 1889), p. 206.

33. Frantz Funck-Brentano, 앞의 책, p. 260에서 인용.

34. Guglielmo Ferrero, *The Gamble* (Toronto: Oxford University Press, 1939), p. 297.

35. Crane Brinton, *A Decade of Revolution* (New York: Harper & Brothers, 1934), p. 168.

36. "Dominic," *Encyclopaedia Britannica*.

37. Adolph Hitler, 앞의 책, p. 171.

38. 같은 책, p. 171.

39. 45항을 보라.

40. Jacob Burckhardt, *Force and Freedom* (New York: Pantheon Books, 1943), p. 129. 〔『세계 역

사의 관찰』, 안인희 옮김, 휴머니스트, 2008)

41. Francis Bacon, "Of Vicissitude of Things," Bacon's *Essays*, Everyman's Library edition (New York: E. P. Dutton & Company 1932), p. 171.

42. John Morley, *Notes on Politics and History* (New York: Macmillan Company, 1914), pp. 69-70.

43. Angelica Balabanoff, *My Life as a Rebel* (New York: Harper & Brothers, 1938), p. 156.

44. Frank Wilson Price, "Sun Yat-sen," *Encyclopaedia of the Social Sciences*.

45. Leo XIII, *Sapientiae Christianae*. 루터에 따르면 "불복종은 살인, 부정, 도둑질, 거짓말보다 큰 죄 …… 다". 인용은 Jerome Frank, *Fate and Freedom* (New York: Simon and Schuster, Inc., 1945), p. 281에서.

46. 78항과 80항을 보라.

47. 창세기 11장 4절.

48. Hermann Rauschning, *The Revolution of Nihilism* (Chicago: Alliance Book Corporation, 1939), p. 48.

49. 같은 책, p. 40.

50. Ernest Renan, *Antichrist* (Boston: Roberts Brothers, 1897), p. 381.

51. Montaigne, *Essays*, Modern Library edition (New York: Random House, 1946), p. 374.

52. 제2차 세계대전 직전 한 젊은 나치가 I. A. R. 와일리에게 보낸 편지. I. A. R. Wylie, "The Quest of Our Lives," *Reader's Digest*, May 1948, p. 2.

4부 시작과 끝

15장 | 지식인

1. 106항에서 예를 볼 수 있다.

2. G. E. G. Catlin, *The Story of the Political Philosophers* (New York: McGraw-Hill Book Company, 1939), p. 633.

3. Alexis de Tocqueville, *Recollections* (New York: Macmillan Company, 1896), p. 331에서 인용.

4. Multatuli, *Max Havelaar* (New York: Alfred A. Knopf, Inc., 1927). D. H. 로렌스의 서문.

5. Bertrand Russell, *Proposed Roads to Freedom* (New York: Blue Ribbon Books, 1931). Introduction, p. viii.

6. Henry Thoreau, *Walden*, Modern Library edition (New York: Random House, 1937), p. 70.

7. 루터가 마인츠의 대주교에게 논제를 보낼 때 동봉한 편지글 중에서. Frantz Funck-Brentano, *Luther* (London: Jonathan Cape, Ltd., 1939), p. 65에 수록.

8. Jerome Frank, *Fate and Freedom* (New York: Simon and Schuster, Inc., 1945), p. 281에서 인용.

9. 같은 책, p. 133.

10. "Reformation," *Encyclopaedia Britannica*

11. René Fülöp Miller, *Leaders*, Dreamers and Rebels (New York: The Viking Press, 1935), p. 85.

12. Ernest Renan, *Antichrist* (Boston: Roberts Brothers, 1897), p. 245.

13. Arnold J. Toynbee, *A Study of History*. D. C. Somervell의 축약본 (Toronto: Oxford University Press, 1947), p. 423. 〔『역사의 연구』, 홍사중 옮김, 동서문화사, 2007〕

14. Carlton J. H. Hayes, *The Historical Evolution of Modern Nationalism* (New York: R. R. Smith, 1931), p. 294.

15. Pascal, *Pensées*.

16. 1941년 네덜란드에서 드마레 베스(《새터데이이브닝포스트》의 기자)가 한 네덜란드 은행가의 말을 인용한다. "대부분의 현대인이 순교를 원하지 않는 것처럼 우리도 순교자가 되고 싶은 마음이 없습니다." "The Bitter Fate of Holland," *Saturday Evening Post*, Feb. 1, 1941.

17. William Butler Yeats, "The Second Coming," *Collected Poems* (New York: Macmillan Company, 1933).

18. 27항을 보라.

19. Fëdor Dostoyevsky, *The Brothers Karamazov*, Book V, Chap. 5.

16장 | 광신자

1. 37항을 보라

2. Peter Viereck, *Metapolitics* (New York: Alfred A. Knopf, 1941), pp. 156 and 170.

3. Hans Bernd Gisevius, *To the Bitter End* (Boston: Houghton Mifflin Company, 1947), pp. 121-122.

4. H. R. Trevor-Roper, *The Last Days of Hitler* (New York: Macmillan Company, 1947), p. 4.

17장 | 현실에 발 디딘 행동가

1. 루터와 칼뱅, 두 사람 다 "기성 가톨릭 교회보다 더 강력하고 더 독재적이고 더 엄격하며 이교도 박해에 훨씬 더 부지런한 교회를 세우고자 했다." Jerome Frank, *Fate and Freedom* (New York: Simon and Schuster, Inc., 1945), p. 283.

2. John Maynard, *Russia in Flux* (London: Victor Gollancz, Ltd., 1941), p. 19.

3. John Addington Symonds, *The Fine Arts* "Renaissance in Italy" series (London: Smith, Elder & Company, 1906), pp. 19-20.

4. Adolph Hitler, *Mein Kampf* (Boston: Houghton Mifflin Company, 1943), p. 105.

5. 25항을 보라.

18장 | 좋은 대중운동 나쁜 대중운동

1. 85항을 보라.

2. 그 예로 밀턴, 버니언, 쾨슬러, 실로네의 이력을 살펴보라.

3. Leon Trotsky, *The History of the Russian Revolution* (New York: Simon and Schuster, Inc., 1932). Preface.

4. "나폴레옹은 경찰청장에게 보내는 편지에 제국에는 어째서 성대한 문화가 없는지, 이를 볼 수 있다면 기쁘겠다고 말한 바 있다." Jacques Barzun, *Of Human Freedom* (Boston: Little, Brown & Company, 1939), p. 91.

5. "John Milton," *Encyclopaedia Britannica*.

6. Pirke Aboth(유대 선조의 격언), *The Sayings of the Jewish Fathers* (New York: E. P, Dutton & Company, Inc., 1929), p. 36.

7. Eva Lips, *Savage Symphony* (New York: Random House, 1938), p 18.

8. J. A. Cramb, *The Origins and Destiny of Imperial Britain* (London: John Murray, 1915), p. 216 에서 인용.

9. 친구 프린에게 보내는 편지에서. Jacob C. Burckhardt, *Weltgeschichtliche Betrachtungen*. James Hastings Nichols가 영역한 *Force and Freedom* (New York: Pantheon Books, 1943) 머리말(p. 40)에서 인용.

10. Ernest Renan, *History of the People of Israel* (Boston: Little, Brown & Company, 1888-1896), Vol. V, p. 360.

11. Angelica Balabanoff, *My Life as a Rebel* (New York: Harper & Brothers, 1938), p. 281.

12. W. R. Inge, "Patriotism," *Nineteen Modern Essays*, ed. W. A. Archbold (New York: Longmans, Green & Company, 1926), p. 213에서 인용.

13. John Maynard, *Russia in Flux* (London: Victor Gollancz, Ltd., 1941), p. 29.

14. "권력에 맞서는 기독교도의 저항은 실로 장렬함 그 이상이었으나, 영웅적이지는 않았다." Sir J. R. Seeley, *Lectures and Essays* (London: Macmillan, 1895), p. 81.

15. 하르덴베르크는 예나에서 패한 뒤 프로이센 국왕에게 말했다. "국왕 폐하, 프랑스가 아래로부터 한 것을 우리는 위로부터 하지 않으면 안 되겠습니다."

16. Fëdor Dostoyevsky, *The, Possessed*, Modern Library edition (New York: Random House, 1936), p. 698.

17. José Ortega y Gasset, *The Modern Theme* (New York: W. W. Norton & Company, 1931), p. 128.

18. 104항~109항을 보라.

19. 104항을 보라.

20. J. B. S. Haldane, *The Inequality of Man* (New York: Famous Books, Inc., 1938), p. 49.

맹신자들

1판 1쇄 펴냄 2011년 9월 26일
2판 1쇄 펴냄 2024년 7월 15일
2판 2쇄 펴냄 2024년 12월 16일

지은이 에릭 호퍼
옮긴이 이민아

주간 김현숙 | **편집** 김주희, 이나연
디자인 이현정
마케팅 백국현(제작), 문윤기 | **관리** 오유나

펴낸곳 궁리출판 | **펴낸이** 이갑수

등록 1999년 3월 29일 제300-2004-162호
주소 10881 경기도 파주시 회동길 325-12
전화 031-955-9818 | **팩스** 031-955-9848
홈페이지 www.kungree.com
전자우편 kungree@kungree.com
페이스북 /kungreepress | **트위터** @kungreepress
인스타그램 /kungree_press

ⓒ 궁리, 2011.

ISBN 978-89-5820-891-4   03300